EFFIZIENZ – WELL DONE!
Wie Prozessmanagement
Unternehmen zum Erfolg führt

JULIAN SOMMER

EFFIZIENZ
–
WELL DONE!

WIE
PROZESSMANAGEMENT
UNTERNEHMEN
ZUM ERFOLG FÜHRT

Bibliografische Information der Deutschen Nationalbibliothek:
Die Deutsche Nationalbibliothek verzeichnet diese Publikation in der
Deutschen Nationalbibliografie; detaillierte bibliografische Daten sind im
Internet über dnb.dnb.de abrufbar.

Die automatisierte Analyse des Werkes, um daraus Informationen insbesondere
über Muster, Trends und Korrelationen gemäß §44b UrhG (›Text und Data
Mining‹) zu gewinnen, ist untersagt.

Die im vorliegenden Text verwendeten Personenbezeichnungen beziehen
sich gleichermaßen auf weibliche, männliche und diverse Personen. Auf eine
Doppelnennung und gegenderte Bezeichnungen wird zugunsten einer besseren
Lesbarkeit verzichtet.

1. Auflage 2024

© 2024 Julian Sommer
Lektorat: Mirko Partschefeld
Buchsatz: publish4you, Roßleben
Fotos: Pictures by Christina35
Lektorat, Satz, Verlag: BoD · Books on Demand GmbH, In de Tarpen 42,
22848 Norderstedt
Druck: Libri Plureos GmbH, Friedensallee 273, 22763 Hamburg

ISBN: 978-3-7597-8793-4

WORUM GEHT ES IN DIESEM BUCH?

Vielleicht kennt ihr das Gefühl: Ihr denkt intensiv über ein Thema nach und kommt irgendwann zu dem Punkt, wo ihr euch fragt: ›Wieso ist das eigentlich so? Warum macht man das nicht so und so?‹ Diesen Gedanken tragt ihr mit euch herum, und jedes Mal, wenn ihr mit dieser Sache konfrontiert werdet, wird es immer deutlicher, dass eure Gedanken gar nicht so falsch sind.

Nach über einem Jahrzehnt im Controlling verschiedener Unternehmen konnte ich einen bestimmten Sachverhalt nie wirklich nachvollziehen: ›Wieso liegt der Fokus oft wesentlich stärker auf der Umsatzsteigerung statt auf der Kostenreduzierung?‹ Nicht dass es falsch wäre, den Umsatz erhöhen zu wollen, aber wieso wird nicht derselbe Aufwand auch für die Kostensenkung betrieben?

Es ist normal, dass große, kostspielige Werbekampagnen gefahren werden, um Produkte, Services oder Dienstleistungen anzupreisen, die den Umsatz steigern sollen. Aber Kampagnen zur Kostenreduzierung? Sind eher selten. Während der Budgetierung werden alle möglichen Vertriebspotenziale teilweise bis auf die Kundenebene durchgesprochen und diverse Simulationen und Versionen durchgespielt, um ein überzeugendes Umsatzziel zu finden. Bei den Kosten ist es üblich, diese einfach mit einer prozentualen Steigerung zu den aktuellen Kosten zu planen. In Forschung und Entwicklung (F&E) werden verbesserte oder neue Produkte entwickelt, die die Wettbewerbsfähigkeit des Unternehmens sichern sollen. Doch welche Abteilung kümmert sich zentral um die Senkung von Kosten?

Hier gibt es offensichtlich eine Lücke, denn erfahrungsgemäß sind Kostenreduzierungen meistens eine Herausforderung der einzelnen Abteilungen.

In den Unternehmen, in denen ich tätig war und größtenteils an Controlling-Prozessen gearbeitet habe, kam mir irgendwann der Gedanke: ›Kann das Prozessmanagement diese Rolle nicht übernehmen?‹ Je mehr ich darüber nachdachte, umso mehr wurde mir bewusst, dass dies nicht nur möglich, sondern auch äußerst effektiv sein kann. Deshalb vertiefte ich mich gründlich in das Thema, nahm an vielen Kursen teil, las unzählige Fachbücher und legte in meinen Projekten einen verstärkten Fokus auf die unternehmensweite und abteilungsübergreifende Prozessoptimierung. Kurz zusammengefasst: ›Viel Theorie und komplizierte Modelle, aber genau das, was vielen Unternehmen fehlt!‹

Und so ist die Idee zu diesem Buch entstanden! Mein Ziel ist es, die oft trockene und abstrakte Welt des Prozessmanagements durch meine praktischen Erfahrungen greifbarer zu machen und es auf eine Weise zu präsentieren, die sowohl verständlich als auch leicht umsetzbar ist. Um aber kein weiteres staubtrockenes Lehrwerk in die Welt zu setzen, entschied ich mich, komplexe Sachverhalte in die Welt der Gastronomie zu übertragen, denn zwischen Küche und Management bestehen überraschend viele Gemeinsamkeiten.

In diesem Buch erkläre ich, warum Prozessmanagement der Schlüssel zum Erfolg vieler Unternehmen ist und welche Rolle Effizienz dabei spielt. Wir durchlaufen schrittweise die Implementierung des Prozessmanagements in

Unternehmen und lernen praktische Tipps und Kniffe, um es erfolgreich im Geschäftsalltag zu etablieren. Darüber hinaus beleuchten wir wichtige Erfolgsfaktoren, betrachten die Ursachen für das Scheitern von Prozessmanagement in Unternehmen und werfen einen Blick auf die Trends, die die Zukunft des Prozessmanagements mitgestalten werden. Klingt doch großartig, oder?

FÜR WEN IST DIESES BUCH?

Dieses Buch ist für alle, die ihre Arbeitswelt revolutionieren möchten: Sachbearbeiter, Produktionsmitarbeiter und Assistenten, die effizienter arbeiten wollen; Abteilungs- und Bereichsleiter, die die Leistung ihres Teams steigern möchten, ohne zusätzlichen Druck zu erzeugen; sowie Geschäftsführer und Vorstände, die nicht nur den Umsatz erhöhen, sondern auch Kosten senken und der Konkurrenz stets einen Schritt voraus sein wollen.

Ganz gleich, in welcher Branche oder Unternehmensgröße ihr tätig seid – dieses Buch bietet praxiserprobte Ansätze, um die Effizienz zu maximieren und den Erfolg zu steigern.

Oder seid ihr einfach nur neugierig, welche Gemeinsamkeiten Prozessmanagement und das Treiben in einer Restaurantküche haben? Auch dann wird euch dieses Buch sicher nicht enttäuschen.

ÜBER DEN AUTOR

Ich bin Julian Sommer, ein zertifizierter Project Management Professional (PMP)® mit umfangreicher Expertise im Bereich Prozessmanagement und Effizienzsteigerung. Meine Qualifikationen umfassen mehrere Zertifizierungen in Lean Management und Six Sigma.

Seit über zehn Jahren habe ich zahlreiche Optimierungsprojekte in verschiedenen Branchen wie dem Möbelhandel, der Medizintechnik, der Baustoffproduktion, dem Lebensmitteleinzelhandel sowie im Anlagen- und Maschinenbau durchgeführt und geleitet.

Trotzdem sehe ich mich nicht als typischen Berater. Vielmehr betrachte ich mich als externen Kollegen, der sich nicht scheut, die Ärmel hochzukrempeln und aktiv mit anzupacken.

GRUNDDEFINITION VON PROZESSEN, PROZESS-MANAGEMENT, EFFIZIENZ UND EFFEKTIVITÄT

Bevor wir tief in die Materie eintauchen, ist es wichtig, Schlüsselbegriffe zu klären, um Missverständnisse von vornherein zu vermeiden.

WAS SIND EIGENTLICH PROZESSE?

Prozesse sind Abfolgen von Tätigkeiten, mit deren Hilfe Menschen ein definiertes Ziel erreichen wollen. Sie bestehen aus Schritten oder Aufgaben, die man in einer bestimmten Reihenfolge ausführen muss, um ein bestimmtes Ergebnis zu erzielen. Stellt euch Prozesse wie ein Rezept vor, wie eine Schritt-für-Schritt-Anleitung, die präzise ausgeführt werden muss, um ein spezifisches Gericht – oder in unserem Fall ein bestimmtes Ziel – zu erreichen.

Prozesse kommen in allen Bereichen eines Unternehmens vor und können in Bezug auf Länge und Komplexität stark variieren. Sie reichen von einfachen Prozessen, wie der Entnahme von Büromaterialien, bis hin zu komplexen Vorgängen, wie den Produktentwicklungsprozessen.

UND WAS IST PROZESSMANAGEMENT?

Prozessmanagement ist der systematische Ansatz, diese Abfolgen von Tätigkeiten innerhalb eines Unternehmens zu verwalten, zu steuern und zu optimieren. Seine Hauptaufgabe besteht darin, die Prozesse zu verstehen, zu analysieren, zu dokumentieren, zu ordnen und kontinuierlich zu verbessern.

Prozessmanagement ist vergleichbar mit der Rolle eines Chefkochs, der nicht nur Zutaten verwaltet, sondern das Küchenpersonal führt, Arbeitsabläufe steuert und die Qualität der Speisen kontinuierlich verbessert.

WAS BEDEUTET EFFIZIENZ?

Unter Effizienz versteht man das Verhältnis von eingesetzten Mitteln zum erreichten Erfolg. Dabei unterscheidet man im Wesentlichen zwischen zwei Prinzipien:

MINIMALPRINZIP: Beim Minimalprinzip versucht man, ein gegebenes Ziel mit möglichst geringem Aufwand zu erreichen – ähnlich wie beim Kochen, wo man mit minimalen Zutaten ein schmackhaftes Gericht zaubern will.

MAXIMALPRINZIP: Beim Maximalprinzip versucht man hingegen, mit gegebenen Mitteln das bestmögliche Ziel zu erreichen, wie ein Koch, der aus festgeschriebenen Zutaten das extravaganteste Menü überhaupt kreieren möchte.

EFFIZIENZ VS. EFFEKTIVITÄT – WAS IST DER UNTERSCHIED?

Auf den folgenden Seiten werden wir mit *effizienten* Prozessen und einem *effektiven* Prozessmanagement zu tun haben. Diese beiden Begriffe sind nicht synonym zu verwenden, und ich möchte an dieser Stelle auf den äußerst wichtigen Unterschied hinweisen.

Bei der Effizienz geht es darum, die *Dinge richtig zu tun* (Fokus auf den Prozess), während es bei der Effektivität darum geht, die *richtigen Dinge zu tun* (Fokus auf das Ziel). Wenn ich italienische Gerichte kostengünstig und schnell zubereiten kann, ist das zweifelsohne effizient, doch wenig effektiv, wenn ich in einem japanischen Restaurant arbeite.

Deshalb sollte das Prozessmanagement möglichst *effektiv* agieren, damit die Ausrichtung der Prozesse in die richtige Richtung geht. Die Prozesse selbst müssen *effizient* gestaltet werden, um das Optimum aus den gegebenen Ressourcen herauszuholen. Damit sollte jetzt eigentlich alles klar wie Kloßbrühe sein!

VORTEILE DES PROZESSMANAGEMENTS

Warum sollten sich Unternehmen mit Prozessmanagement beschäftigen? Stellt euch ein Unternehmen ohne Prozessmanagement einfach wie ein Restaurant ohne Küchenchef vor. Jeder Bereich würde (ver)walten, wie er will, aber das wichtige Zusammenspiel käme einfach nicht zustande. Viel zu viele Beilagen, schlecht zubereitete Desserts, die Gewürze für Fisch und Fleisch passen überhaupt nicht und für die Vorspeisensuppe fühlt sich keiner zuständig. Irgendwie würde schon alles funktionieren, aber man bleibt weit unter den Möglichkeiten und verbraucht dabei noch übermäßig viele Ressourcen.

Prozessmanagement sorgt dafür, dass alle Teile des Unternehmens harmonisch zusammenarbeiten, um effiziente, hochwertige Ergebnisse zu erzielen. Es ist das geheime Rezept, das gute Unternehmen in großartige verwandelt. In diesem Kapitel schauen wir uns ein paar Beispiele an, welche positiven Effekte Prozessmanagement auf euer Unternehmen haben kann.

EFFIZIENZSTEIGERUNG

Der unmittelbarste und größte Vorteil des Prozessmanagements: mehr Effizienz. Durch Analysen und Optimierungen können irrelevante Prozessschritte eliminiert und wertvolle Teilschritte verbessert werden. Dies spart Zeit und Kosten, die für strategisch wichtige Aufgaben und Projekte genutzt werden können.

VERBESSERTE QUALITÄT

Verbesserte Teilschritte führen zu verbesserten Gesamtprozessen, die letztlich die Qualität der Produkte und Dienstleistungen steigern. Werden Prozesse zudem klar und einheitlich definiert, lassen sie sich besser überwachen und kontrollieren, was die Fehlerquote deutlich verringert. Standardisierte Prozesse gewährleisten, dass das Ergebnis stets in gleichbleibender Qualität erbracht wird – ähnlich einem gut eingespielten Küchenteam, das jedes Gericht nach dem gleichen hohen Standard zubereitet.

DOKUMENTATION

Um diese Schritte vornehmen zu können, ist es eine wesentliche Aufgabe des Prozessmanagements, sämtliche Prozesse im Unternehmen zu dokumentieren – vergleichbar mit einem detaillierten Kochbuch, das jeden Schritt eines Rezepts genau beschreibt und sicherstellt, dass jeder Koch das Gericht perfekt zubereiten kann. Dies ermöglicht nicht nur die Identifizierung redundanter Prozesse und die Entfernung unnötiger Teilschritte, sondern schafft auch eine Transparenz, die es erleichtert, komplette Betriebsabläufe vollständig nachzuvollziehen. Besonders bei komplexen Vorgängen wie Produktentwicklung, Produktherstellung, Angebotserstellung oder der Einarbeitung neuer Mitarbeiter ist dies äußerst hilfreich.

REAKTIONSFÄHIGKEIT UND WETTBEWERBSVORTEIL

Auch wenn Anpassungen aufgrund von Marktveränderungen oder einer neuen strategischen Ausrichtung erforderlich sind, ermöglicht eine umfassende Dokumentation einen einfachen Zugriff auf die betroffenen Prozesse und Prozessschritte. Eine erhöhte Reaktionsgeschwindigkeit kann dabei ein entscheidender Wettbewerbsvorteil sein.

MITARBEITERVORTEILE UND -ZUFRIEDENHEIT

Es ist wichtig zu wissen, dass Prozessmanagement nicht zu Lasten von Mitarbeitern eingeführt wird, sondern für diese auch einige signifikante Vorteile, neben den bereits genannten, bereithält. Die klare Definition der Prozesse und der damit einhergehenden eindeutigen Verantwortlichkeiten reduziert Unsicherheiten und vermindert mögliche Konflikte zwischen den Mitarbeitern. Wenn Prozesse auf das erforderliche Minimum getrimmt werden, verschwendet das Personal keine Kapazitäten mehr auf unnötige Prozessschritte. Dies reduziert Stress und führt allgemein zu zufriedeneren Mitarbeitern. Zusätzlich können die gewonnenen Kapazitäten genutzt werden, um neue Aufgaben zu übernehmen, was der persönlichen Entwicklung jedes Einzelnen zugutekommt.

KUNDENZUFRIEDENHEIT UND MARKTSTELLUNG

Letztlich tragen alle Aufwendungen des Prozessmanagements wesentlich dazu bei, die Kunden zufriedener zu machen. Unternehmen mit effizienten Prozessen haben die Möglichkeit, ihre Produkte und Dienstleistungen zu einem besseren Preis anzubieten, da sie keine unnötigen Kosten enthalten. Schlanke Prozesse geben dem Unternehmen zudem die Chance, sich verstärkt auf Entwicklungen zu konzentrieren, anstatt Ressourcen für überflüssige Vorgänge zu verschwenden. Ein Restaurant, das seine Abläufe optimiert hat, kann seinen Gästen nicht nur köstliche Gerichte, sondern auch einen hervorragenden Service zu attraktiven Preisen bieten.

RELEVANZ FÜR UNTERNEHMEN VERSCHIEDENER GRÖSSEN UND BRANCHEN

Schon öfter wurde mir die Frage gestellt: ›So etwas aktiv und dauerhaft zu betreiben, funktioniert doch nur in großen Unternehmen, die dafür Kapazitäten haben, oder?‹ Meine Antwort lautete jedes Mal: ›Absolut NICHT!‹ Prozessmanagement ist ein entscheidender Faktor für nachhaltigen Erfolg und Wettbewerbsfähigkeit, unabhängig von Unternehmensgröße oder Branche. Lasst uns schauen, wie Prozessmanagement über das gesamte Unternehmensspektrum hinweg angewendet wird und welche weiteren Vorteile es bringt.

KLEINUNTERNEHMEN UND STARTUPS

Auch wenn Kleinunternehmen und Startups nicht über die Ressourcen eines multinationalen Konzerns verfügen, ist die frühe Integration von Prozessmanagement in die Unternehmensphilosophie entscheidend. Sie kann den Unterschied zwischen Wachstum, Stagnation und Niedergang bedeuten. Zum Beispiel könnte ein Friseursalon seinen Terminvergabe-Prozess durch digitale Lösungen optimieren. Das würde nicht nur die Buchung vereinfachen, sondern auch zu einer besseren Kundenbindung durch automatisierte Erinnerungen führen.

MITTELSTÄNDISCHE UNTERNEHMEN

Mittelständler stehen oft vor der Herausforderung, Effizienz und Innovationsfähigkeit auszubalancieren. Prozessmanagement hilft, diesen Balanceakt zu meistern, indem es prozessuale Hindernisse beseitigt. Ein Hersteller von Sonderbauteilen könnte beispielsweise seine Produktionsprozesse durch das Eliminieren von unnötigen Prozessschritten verschlanken, was die Durchlaufzeiten verkürzen und die Produktqualität steigern würde.

GROSSUNTERNEHMEN UND KONZERNE

In großen Unternehmen und Konzernen kann Prozessmanagement dazu beitragen, Informationssilos abzubauen und Abläufe über verschiedene Abteilungen hinweg effektiv zu synchronisieren. Es sorgt für gesundes Wachstum und verhindert, dass Ineffizienz das Unternehmen unnötig ›aufbläht‹. Ein Beispiel hierfür ist ein internationaler Einzelhandelskonzern, der durch die Standardisierung seiner Logistikprozesse über Ländergrenzen hinweg eine konstante Warenverfügbarkeit sicherstellt.

BRANCHENÜBERGREIFENDE RELEVANZ

Prozessmanagement ist branchenübergreifend relevant und spielt beispielsweise eine wichtige Rolle in der Automobilfertigung, im Gesundheitswesen, in der IT und im Dienstleistungssektor. In der Fertigungsindustrie hilft es, Herstellungskosten zu senken und die Produktionsflexibilität zu verbessern. Im Gesundheitswesen unterstützt es die Einhaltung strenger regulatorischer Anforderungen, und in der IT wird es zur Verbesserung von Softwareentwicklung und Datenmanagement genutzt. Dienstleistungsunternehmen verwenden Prozessmanagement, um kundenspezifische Dienstleistungen effizienter zu erbringen und eine gleichbleibende Qualität zu gewährleisten.

Die umfassenden Vorteile des Prozessmanagements machen es zu einem unverzichtbaren Erfolgsfaktor für Unternehmen aller Größen und Branchen.

BEISPIELE VON UNTERNEHMEN MIT PROZESSMANAGEMENT

Das klingt alles schön und gut, aber gibt es auch konkrete Beispiele von Unternehmen, die Prozessmanagement nutzen? Absolut! In vielen bekannten Unternehmen ist Prozessmanagement ein entscheidender Erfolgsfaktor. Lasst uns ein paar Paradebeispiele betrachten, die verdeutlichen, wie effektives Prozessmanagement den Unternehmenserfolg maßgeblich beeinflusst.

BEISPIELUNTERNEHMEN 1: TOYOTA

Beschäftigt man sich mit dem Thema Prozessmanagement, kommt man unweigerlich auf den japanischen Automobilhersteller Toyota. Aus dem Unternehmen ist das bekannte Toyota-Produktionssystem (TPS) hervorgegangen, das von Taiichi Ōno entwickelt wurde. Das TPS basiert auf den Prinzipien von Lean Management und kontinuierlicher Verbesserung, wodurch Verschwendung minimiert, Produktivität maximiert und die Qualität verbessert werden sollen. Ein Schlüsselelement des TPS ist die Just-in-Time-Produktion, bei der Teile und Materialien genau dann geliefert werden, wenn sie benötigt werden. Das verringert Lagerbestände und erhöht die Effizienz. Ein weiteres wichtiges Managementkonzept ist ›Kaizen‹ (jap. kai ›Veränderung‹ oder ›Wandel‹, zen ›zum Besseren‹), das kontinuierliche Verbesserungen durch die Einbeziehung aller Mitarbeiter fördert. Durch die Standardisierung von Arbeitsabläufen, die Schulung des Personals in Lean-Prinzipien und die kontinuierliche Suche nach Effizienzgewinnen hat Toyota seine Produktionskosten gesenkt, die Produktqualität verbessert und seine Wettbewerbsfähigkeit gesteigert.

BEISPIELUNTERNEHMEN 2: AMAZON

Ein weiteres herausragendes Beispiel für effektives Prozessmanagement ist der Versandriese Amazon – insbesondere im E-Commerce-Bereich. Das Unternehmen hat eine Reihe von Prozessen implementiert, um die Effizienz seiner Lieferkette zu maximieren und die Kundenzufriedenheit zu steigern. Ein herausragendes Beispiel ist dabei das Fulfillment-Center-Netzwerk, das auf präzisen, effizienten Prozessen basiert. Durch den Einsatz fortschrittlicher Technologien wie Robotik, Automatisierung und maschinellem Lernen optimiert Amazon seine Lagerverwaltung, den Versand und die Zustellung von Bestellungen. Der Online-Versandhändler hat auch innovative Prozesse wie Same-Day-Lieferung und Amazon Prime entwickelt, um seinen Kunden eine schnelle und zuverlässige Lieferung zu bieten.

BEISPIELUNTERNEHMEN 3: MCDONALD'S

Ein ebenso gutes Beispiel ist der Fastfood-Konzern McDonald's. Die Imbisskette hat ihre Betriebsabläufe durch die Implementierung standardisierter und effizienter Prozesse optimiert. Ein wichtiger Bestandteil dieser Prozesse ist das ›System der betrieblichen Abläufe‹ (QSC&V = Quality, Service, Cleanliness & Value), das auf den Prinzipien von Qualität, Service, Sauberkeit und Wert basiert. McDonald's hat strenge Betriebsstandards und Verfahren eingeführt, um sicherzustellen, dass seine Restaurants konsistente Produkte und Dienstleistungen liefern. Das Unternehmen setzt auch auf Technologie, um seine Prozesse zu verbessern. Hierfür hat es Bestellterminals, mobile Apps und digitale Menüboards eingeführt, um den Bestellvorgang zu beschleunigen und die Kundenerfahrung zu verbessern. Durch die kontinuierliche Überwachung und Anpassung seiner Betriebsabläufe hat McDonald's seine Effizienz gesteigert und seine Marktposition als führender Anbieter von Fastfood weltweit gefestigt.

BEISPIELUNTERNEHMEN 4: APPLE

Das letzte Beispiel ist der Technologieriese Apple. Das Unternehmen aus Cupertino hat durch effektives Prozessmanagement eine unvergleichliche Lieferkette und Produktionssysteme entwickelt, die es ihm ermöglichen, hochwertige Produkte in großem Maßstab herzustellen. Apples Erfolg beruht auf der strengen Kontrolle der gesamten Lieferkette, von der Beschaffung der Rohmaterialien bis zur Endmontage der Produkte. Durch enge Partnerschaften mit Lieferanten und die Implementierung von Just-in-Time-Prinzipien kann Apple schnell auf Veränderungen in der Nachfrage reagieren und gleichzeitig die Lagerkosten verringern. Zudem fördert Apple eine Kultur der Innovation und kontinuierlichen Verbesserung, indem es seine Entwicklungsprozesse ständig überprüft und optimiert.

Neben diesen gibt es noch etliche weitere Beispielunternehmen, die die Vorteile des Prozessmanagements für sich zu nutzen wissen. Und wenn solch erfolgreiche Unternehmen auf Prozessmanagement setzen, kann es sich dabei ja wohl kaum um einen kurzlebigen Nischentrend handeln.

Auch wenn ihr vermutlich schon jetzt vollends vom Prozessmanagement überzeugt seid, empfiehlt es sich, wie bei Gerichten auf der Speisekarte, auch beim Prozessmanagement vor der endgültigen Entscheidung einen Blick auf die Inhaltsstoffe zu werfen. Zwar sind beim Prozessmanagement keine Unverträglichkeiten zu erwarten, dennoch ist es wichtig zu wissen, was das Prozessmanagement beinhaltet, damit man sich ein besseres Bild machen kann, wie es funktioniert und welchen Einfluss es auf bestimmte Bereiche im Unternehmen hat. Daher gehen wir in diesem Abschnitt die wichtigsten Komponenten des Prozessmanagements gemeinsam durch.

PROZESSDOKUMENTATION

Die Prozessdokumentation kann als das Fundament des Prozessmanagements gesehen werden. Ähnlich wie ein umfangreiches Kochbuch enthält die Prozessdokumentation alle wichtigen Details zu den Geschäftsprozessen eures Unternehmens. Von den Zutaten bis zur Garnierung werden in der Prozessdokumentation alle erforderlichen Schritte zur Erledigung einer Aufgabe festgehalten. Dabei umfasst sie nicht nur die Beschreibung jedes Prozessschrittes, sondern auch die benötigten Ressourcen wie Arbeitsmittel, Maschinen oder Informationen. Auch sind die beteiligten Personen und Abteilungen aufgelistet, die jeweiligen zeitlichen Rahmenbedingungen definiert und die Ergebnisse sowie deren weitere Verwendung detailliert beschrieben.

Diese präzise Dokumentation schafft Transparenz und macht die Prozesse für jeden Mitarbeiter so klar wie ein Rezept für einfaches Rührei. In komplexen Systemen ist dies besonders wichtig, da die Übersichtlichkeit sonst schnell verloren gehen kann. Mitarbeiter, die ihre individuelle Arbeit im großen Gesamtablauf wiederfinden, können sich besser mit ihren Aufgaben identifizieren, was sie oft stärker motiviert.

Neben der Rolle als Informationsquelle und Nachschlagewerk ist die Prozessdokumentation entscheidend für Qualitätssicherungs- und Compliance-Vorgänge. In Branchen, die streng reguliert sind, ist eine lückenlose und nachvollziehbare Dokumentation der Prozesse unerlässlich.

Zusätzlich bildet die Prozessdokumentation die Grundlage für Prozessoptimierungen und -anpassungen. Je präziser und umfassender die Dokumentation geführt wird, desto einfacher ist es, Analysen durchzuführen und Verbesserungsmöglichkeiten zu finden, mit deren Hilfe Ineffizienzen, Engpässe oder Fehler schneller identifiziert und behoben werden können.

PROZESSOPTIMIERUNG

Die Prozessoptimierung ist das pulsierende Herzstück des Prozessmanagements, vergleichbar mit dem Herd in der Küche eines Sternerestaurants, auf dem alle kulinarischen Meisterwerke entstehen. Es geht darum, die Arbeitsabläufe auf das bestmögliche Niveau zu heben und immer wieder auf etwaige Schwachstellen zu prüfen.

Durch kontinuierliche Verbesserungen werden Ressourcen optimal eingesetzt, die Durchlaufzeiten verkürzt, die Qualität erhöht und die Kundenzufriedenheit in die Höhe geschraubt. In einer sich rasant verändernden Geschäftswelt ist die Fähigkeit, Prozesse flexibel und dynamisch anzupassen, entscheidend für den Erfolg und die Wettbewerbsfähigkeit eines Unternehmens.

Kurz gesagt, ist es das Zentrum des Prozessmanagements, das sicherstellt, dass das Unternehmen stets vorangeht.

PROZESSMANAGEMENT-TOOLS

Prozessmanagement geht weit über die traditionelle Stift-und-Papier-Methode hinaus. Es umfasst den Einsatz verschiedener moderner Werkzeuge, die den Prozess erleichtern und effektiver gestalten. Diese Tools bieten unterschiedliche Schwerpunkte und können je nach den spezifischen Bedürfnissen eines Unternehmens ausgewählt werden. Während es durchaus sinnvoll sein kann, das Prozessmanagement anfänglich einfach zu gestalten, um ein Gefühl für die Grundlagen zu entwickeln, zeigt sich gerade in mittelständischen Unternehmen und Konzernen schnell, dass dieser Ansatz an seine Grenzen stößt und man für ein Fünf-Gänge-Menü mehr als nur einen simplen Wasserkocher braucht.

Für die Gourmet-Anforderungen der Geschäftswelt bieten sich spezialisierte Prozessmanagement-Tools an, die Funktionen wie Automatisierung, Integration in bestehende IT-Systeme, umfangreiche Analyse- und Berichtsfunktionen sowie die Möglichkeit zur Simulation von Prozessänderungen bieten. Beispiele für solche Tools sind:

- **BUSINESS PROCESS MANAGEMENT SOFTWARE (BPM)**: Diese Softwarelösungen bieten umfassende Möglichkeiten wie beispielsweise die Ausführung oder Überwachung von Geschäftsprozessen.

- **WORKFLOW-MANAGEMENT-SYSTEME**: Sie können helfen, tägliche Routineaufgaben effizient zu gestalten und den administrativen Aufwand zu reduzieren.

- **DOKUMENTENMANAGEMENT-SYSTEME (DMS)**: Mit ihnen können Dokumente elektronisch erfasst, bearbeitet, verwaltet und archiviert werden.

- **PROJEKTMANAGEMENT-TOOLS**: Sie unterstützen bei der Planung, Organisation und dem Management von Ressourcen, um Projekte termingerecht und innerhalb des Budgets abzuschließen.

Mithilfe dieser Anwendungen können Unternehmen nicht nur ihre Prozesse effizienter gestalten, sondern auch eine bessere Datenbasis für Entscheidungen schaffen. Durch die Automatisierung von Routineaufgaben können Mitarbeiter entlastet werden und sich auf wertsteigernde Aktivitäten konzentrieren. Weiterhin verbessern diese Tools die Genauigkeit und Konsistenz der Prozessausführung, verringern Fehler und erhöhen die Transparenz über alle Abteilungen hinweg.

CHANGE-MANAGEMENT

Change-Management ist eine zentrale Disziplin im Rahmen des Prozessmanagements. Sie zielt darauf ab, Änderungen in den Organisationsstrukturen, Prozessen oder Systemen eines Unternehmens effektiv zu steuern. Einerseits werden neue Ideen implementiert. Andererseits geht es darum, Widerstände zu minimieren, das Engagement aller relevanten Personen zu maximieren und die Nachhaltigkeit der Änderungen zu sichern. Das ultimative Ziel? Ein Übergang von einem Status quo im Sinne von ›Alles bleibt, wie es ist‹ zu einem neuen, glänzenden Zustand, wobei der menschliche Faktor immer im Rampenlicht steht.

Die Einführung neuer Prozesse oder die Änderung bestehender Abläufe kann oft zu Widerstand führen. Change-Management setzt genau hier an, indem es sicherstellt, dass die Veränderungen breit akzeptiert und effektiv implementiert werden. Es hilft dem Unternehmen dabei, neue Prozesse so zu integrieren, dass sie die erwarteten Vorteile bringen und von allen Beteiligten aktiv unterstützt werden. Denn auch die besten Ideen und effizientesten Optimierungen bringen keinen Mehrwert, wenn die verantwortlichen Menschen, welche die Prozesse umsetzen sollen, diese nicht annehmen oder sich nicht dafür engagieren.

Change-Management ist somit nicht nur eine Frage der technischen Umsetzung von Änderungen, sondern vor allem eine Frage der menschlichen Akzeptanz und Unterstützung. Es stellt sicher, dass Veränderungen tief in der

Kultur und den täglichen Abläufen eines Unternehmens verankert werden können, was letztlich entscheidend für den langfristigen Erfolg dieser Veränderungen ist.

RISIKOMANAGEMENT

Beim Risikomanagement geht es um die Identifikation, Analyse, Bewertung, Behandlung, Überwachung und Kontrolle von Risiken. Diese können finanzieller, rechtlicher, technologischer, operativer oder imagebezogener Natur sein. Im Prozessmanagement müssen mögliche Optimierungen nicht nur auf ihre Durchführbarkeit hin überprüft werden, sondern auch daraufhin, welche Risiken sie möglicherweise bergen.

Nehmen wir das Beispiel eines Restaurantbesitzers, der entscheidet, Desserts nicht mehr selbst herzustellen, sondern stattdessen zuzukaufen. Zwar könnte diese Entscheidung finanziell vorteilhaft erscheinen, doch birgt sie auch Risiken: Was, wenn der Lieferant unzuverlässig ist oder plötzliche Änderungen nicht handhaben kann? Hier kommt das Risikomanagement ins Spiel. Es hilft, die Wahrscheinlichkeit solcher Risiken zu bewerten und entsprechende Notfallpläne zu entwickeln.

Effektives Risikomanagement macht Unternehmen widerstandsfähiger gegenüber Unsicherheiten und befähigt sie, ihre Ziele sicherer zu erreichen. Auch bei Prozessoptimierungen muss sorgfältig überprüft werden, ob der erwartete Mehrwert das potenzielle Risiko übertrifft. Wie das Gericht mit der Erdnusssoße: Es mag noch so verlockend riechen, aber wenn du allergisch gegen Erdnüsse bist, lass lieber die Finger davon.

SCHULUNGEN

Schulungen sind unerlässlich, um sicherzustellen, dass alle Mitarbeiter mit den notwendigen Kenntnissen und Fähigkeiten ausgestattet sind. Zudem sorgen sie auch dafür, dass damit die Prozesseffizienz erhöht wird. Durch die Reduzierung von Fehlern und die Steigerung der Produktivität wird das gesamte Unternehmen gestärkt.

Darüber hinaus sind Schulungen der Schlüssel, um Mitarbeitern nicht nur das Verständnis und die Akzeptanz von Veränderungen zu ermöglichen, sondern auch ihre aktive Mitgestaltung und Verbesserung zu bewirken. Dies ist unschätzbar wertvoll, denn es legt den Grundstein für eine Kultur der kontinuierlichen Verbesserung (zu der wir gleich noch kommen) und Innovation. Mitarbeiter, die befähigt werden, an der Weiterentwicklung der Arbeitsabläufe mitzuwirken, sind wie die Geheimzutat, die ein gutes Gericht zu einem großartigen macht.

Die Investition in umfassende Schulungsprogramme, die sowohl technische als auch soziale Kompetenzen abdecken, sind so essenziell wie Kaffee am Montagmorgen – ohne sie geht einfach gar nichts (höchstens schlechte Laune)! Es wird eine solide Basis für nachhaltigen Erfolg und kontinuierliche Verbesserungen geschaffen, die dafür sorgt, dass die Mitarbeiter voll und ganz hinter den Zielen des Unternehmens stehen und befähigt sind, diese zu erreichen.

KOMMUNIKATION

Im Herzen des Prozessmanagements liegt das ambitionierte Ziel, Arbeitsabläufe zu optimieren, Ressourcen effizient zu nutzen und die Ausrichtung der Prozesse an den Unternehmenszielen zu maximieren. All das ist jedoch nur möglich, wenn die Kommunikation im Unternehmen nicht nur funktioniert, sondern gedeiht.

Klare Kommunikation verringert Missverständnisse und Fehler, die sonst zu Zeitverlust und erhöhten Kosten führen können. Wenn jeder genau versteht, was zu tun ist, wann es zu tun ist und warum es wichtig ist, dann gleiten die Prozesse so reibungslos wie ein zu schnell laufender Kellner über einen frisch gewachsten Dielenboden.

Wie wir bereits im Abschnitt ›Change-Management‹ erörtert haben, ist Kommunikation auch elementar, um Widerstände gegen Veränderungen zu minimieren. Eine offene und transparente Erklärung der Gründe und Vorteile von Prozessanpassungen kann Wunder wirken. Sie hilft allen Beteiligten, die Notwendigkeit der Veränderungen zu verstehen und zu akzeptieren, gibt aber auch den Angestellten die Chance, ihre Sorgen und Ängste zu platzieren. Eine solche Kommunikation führt nicht nur zu einer höheren Akzeptanz und einem besseren Verständnis zwischen den verschiedenen Ebenen, sondern aktiviert auch die Mitarbeiter, sich an den Veränderungsprozessen zu beteiligen.

VERBESSERUNGSKULTUR

Eine Kultur, die kontinuierliche Verbesserungen fördert, bietet zahlreiche Vorteile, die weit über die Steigerung der operativen Effizienz hinausgehen. Eine solche Kultur verleiht Unternehmen mehr Agilität. In einer Geschäftswelt machen schnelle Reaktionen oft den Unterschied zwischen Erfolg und Niedergang aus. Hier ermöglicht gelebte Verbesserungskultur ein proaktives statt nur reaktives Handeln. Unternehmen, die ständig Innovationen und Verbesserungen vorantreiben, setzen nicht nur Trends, sondern formen sie auch aktiv mit.

Darüber hinaus kann eine verbesserungsorientierte Kultur Motivation und Zufriedenheit des Personals enorm steigern. Werden Mitarbeiter dazu ermutigt, ihre eigenen Ideen einzubringen und Verbesserungsvorschläge zu machen, fühlen sie sich geschätzt und integriert. Dies fördert ihr Engagement ebenso wie ihre Zufriedenheit am Arbeitsplatz – ähnlich einem Jungkoch, der mit stolzgeschwellter Brust beobachtet, wie seine eigene Rezeptur erfolgreich in das Menü aufgenommen wird.

Diese Umgebung fördert auch das Lernen und die persönliche Entwicklung, was wiederum die Bindung an das Unternehmen stärkt. Hinzu kommt: Auch die Kunden sind zufriedener, wenn im Unternehmen eine Kultur der kontinuierlichen Verbesserung implementiert wird. Durch regelmäßige Prozessoptimierungen und die kontinuierliche Anpassung an die aktuellen Kundenbedürfnisse können Unternehmen die Qualität ihrer Produkte und Dienstleistungen kontinuierlich steigern. Dies stärkt das Kundenvertrauen und fördert den Aufbau langfristiger Beziehungen.

Strategisches Prozessmanagement macht es möglich, eine solche Kultur zu implementieren und zu pflegen. Es stellt die notwendigen Werkzeuge und Methoden zur Verfügung, um die Prinzipien der kontinuierlichen Verbesserung täglich zu leben.

Die Schaffung einer Unternehmenskultur, in der Prozessmanagement einen hohen Stellenwert einnimmt, ist ein dynamischer Prozess, der Engagement und Unterstützung auf allen Ebenen des Unternehmens erfordert. Eine Kombination aus klaren Zielen, offener Kommunikation, fortlaufender Schulung und Anerkennung der Mitarbeiterleistungen schafft eine Umgebung, die Innovation und kontinuierliche Verbesserung nicht nur fördert, sondern auch lebt. Dies führt zu operationaler Exzellenz, nachhaltiger Wettbewerbsfähigkeit und einem motivierten Mitarbeiterstamm.

Denkt an ein gut geführtes Restaurant, in dem jedes Teammitglied bestrebt ist, sowohl die Qualität der Gerichte als auch den Service ständig zu verbessern.

So weit zu den Komponenten des Prozessmanagements. Wenn ihr, spätestens jetzt, auch auf den Geschmack gekommen seid, dann lasst uns gemeinsam an die Arbeit gehen und ein wirksames Prozessmanagement aufsetzen, das ein absoluter Gaumenschmaus wird!

1. SCHRITT: GEMEINSAMES ZIELBILD ENTWICKELN

Der erste Schritt zur Implementierung eines effektiven Prozessmanagements sollte immer die Entwicklung eines klaren, gemeinsamen Zielbildes sein. Dieses Zielbild dient nicht nur als Wegweiser, der allen Mitarbeitern die Richtung weist, sondern fördert auch ein einheitliches Verständnis dessen, was durch das Prozessmanagement erreicht werden soll.

Ein gut definiertes Zielbild stellt sicher, dass die Bemühungen des Prozessmanagements mit den übergeordneten, langfristigen Zielen des Unternehmens harmonieren. Ohne diesen kritischen Schritt könnte sich das Prozessmanagement versehentlich auf einen Weg begeben, der in die völlig entgegengesetzte Richtung der strategischen Unternehmensziele führt.

Hier sind die ersten Schritte, die unternommen werden müssen, um die Erfolgswahrscheinlichkeit unseres Prozessmanagement-Programms zu maximieren:

1. VERSTÄNDNIS DER STRATEGISCHEN UNTERNEHMENSZIELE

Zuallererst ist es wichtig, die übergeordneten Unternehmensziele zu kennen und zu verstehen. Dabei reicht es nicht zu wissen, dass mehr Geld in der Kasse klingeln soll. Viel zu oberflächlich! Fragt nach dem Wie!

Wie will das Unternehmen mehr Umsatz und Gewinn machen? Durch neue Produkte? Verbesserte Dienstleistungen? Expansion? Konkurrenz aufkaufen?

Wie will das Unternehmen neue Kunden gewinnen? Neues Auftreten? Verstärktes Marketing? Neue Kommunikationskanäle?

Wichtig sind die Prioritäten und der strategische Fokus des Unternehmens, die mittel- und langfristig erreicht werden sollen. Denn wenn die zukünftige Ausrichtung des Unternehmens nicht ausreichend bekannt ist, besteht die Möglichkeit, dass das definierte Zielbild des Prozessmanagements nicht zu den eigentlichen Zielen des Unternehmens passt. Wenn unser Restaurant in den Guide Michelin aufgenommen werden soll, das Prozessmanagement aber auf den vermehrten Einsatz von Dosenravioli ausgerichtet wird, könnte es mitunter schwierig mit dem Guide Michelin werden (und wenn doch: Respekt!).

Spielen wir das an zwei Beispielen durch. Die Unternehmensstrategie ist auf Innovation ausgerichtet. Gleichzeitig haben wir ein Zielbild vor Augen, das auf extreme Kostensenkung setzt. Ein solcher Ansatz könnte kontraproduktiv sein und die innovativen Elemente untergraben. Ist das Ziel hingegen, das Unternehmen zu ›entrümpeln‹, dann passt ein Sparziel wie die Faust aufs Auge.

FAZIT: Bevor ihr auch nur daran denkt, Prozessmanagement unternehmensweit zu starten, müsst ihr wissen, in welche Richtung das Unternehmen gehen will.

2. DAS KERNTEAM DEFINIEREN UND EINBEZIEHEN

Jetzt, da ihr das Zielbild klar vor Augen habt, ist es Zeit, die richtigen Leute ins Boot zu holen. Dazu gehören Führungskräfte, Fachexperten und gegebenenfalls externe Partner. Die Einbeziehung verschiedener Perspektiven hilft, das Zielbild effektiver im Unternehmen zu verankern.

Aber Achtung: Zu viele Köche verderben den Brei! In der Anfangsphase sollte das Kernteam auf etwa zehn Personen beschränkt bleiben, idealerweise aus Geschäftsführung, Projektmanagement, IT und Mitarbeitervertretung bestehen.

3. MESSBARE ZIELSETZUNG DEFINIEREN

Basierend auf den übergeordneten Unternehmenszielen sollte eine klare Zielsetzung für das Prozessmanagement definiert werden, optimalerweise gemäß der SMART-Methode. SMART steht für:

Specific	(spezifisch)
Measurable	(messbar)
Achievable	(erreichbar)
Reasonable	(realistisch)
Time-Bound	(zeitgebunden)

Formulierungen wie ›erfolgreich ein Prozessmanagement implementieren‹ oder ›innerhalb des Geschäftsjahres die ersten Schritte für das Prozessmanagement absolvieren‹ sind zu allgemein gehalten und für eine Zielsetzung zu schwammig.

Mit der SMART-Methode könnte ein Ziel beispielsweise lauten:

Specific	(›Reduzierung der Prozessdurch-laufzeiten in den kaufmännischen Bereichen‹)
Measurable	(›um 15 %‹)
Achievable	(›durchaus machbar‹)
Realistic	(›keine unrealistische Zielsetzung [wie beispielsweise Reduzierung um 50 % in 4 Wochen]‹)
Time-Bound	(›innerhalb der nächsten 12 Monate‹)

Zusammengefasst lautet die Zielsetzung dann: ›Reduzierung der Prozessdurchlaufzeiten in den kaufmännischen Bereichen um 15 Prozent innerhalb der nächsten 12 Monate‹. Vor allem die Messbarkeit und auch der zeitliche Rahmen sind wichtig, da dadurch der Projektstatus abgebildet und nachverfolgt werden kann. Das Ziel ›Erfolgreich implementieren‹ lässt zu viel Interpretationsspielraum und kann faktisch nicht nachgehalten werden.

TIPP: Definiere gern eine ambitionierte Zielsetzung. Dies führt dazu, dass man von vornherein wesentlich größer denkt. Setzt man sich zu niedrige Ziele, sind die Bemühungen überschaubar, da das Ziel ohne wirkliche Anstrengungen erreicht werden kann.

4. ZIELBILD FORMULIEREN

Mit einer klar definierten Zielsetzung geht es daran, das Zielbild zu formulieren. Das Zielbild ist eine inspirierende Vision oder Mission, die zeigt, wie das Unternehmen seine Zukunft im Bereich Prozessmanagement sieht. Während die Zielsetzung die konkreten Ziele umreißt, soll das Zielbild Mitarbeitende motivieren und Kunden sowie Partner darüber informieren, wie das Unternehmen die Zukunft gestalten will.

Wenn das übergeordnete Ziel des Unternehmens beispielsweise die Digitalisierung ist und die Zielsetzung lautet ›Reduzierung der Prozessdurchlaufzeiten um 15 Prozent innerhalb der nächsten 12 Monate‹, könnte die Vision lauten: ›Prozessvereinfachung durch Automatisierung und Digitalisierung.‹

Hier ein paar Beispiele von allgemeinen Zielbildern bekannter Unternehmen:

- ▸ ›Andere befähigen, mehr zu erreichen‹ (Microsoft)[1]
- ▸ ›Den vielen Menschen einen besseren Alltag schaffen‹ (IKEA)[2]
- ▸ ›Unsere Vision ist es, jedem Unternehmen zu Höchstleistungen zu verhelfen‹ (SAP)[3]

Diese Zielbilder sind zwar nicht ausschließlich auf das Prozessmanagement ausgerichtet, geben aber eine klare Richtung vor.

---

[1] ›About Microsoft.‹ (Microsoft, 2024). Zugriff am 29.08.2024
[2] ›Vision, Werte, Geschäftsidee.‹ (IKEA, 2024). Zugriff am 29.08.2024
[3] ›Unternehmen.‹ (SAP, 2024). Zugriff am 29.08.2024

TIPP: Das Zielbild sollte einprägend sein und darf daher auch gern etwas verspielter formuliert werden. Beispielsweise ›Darf's auch etwas weniger sein? Prozessverschlankung durch Automatisierungen‹ oder ›Kundenorientierung wird bei uns großgeschrieben – und das nicht nur, weil es ein Substantiv ist und daher IMMER großgeschrieben wird!‹

5. KOMMUNIKATION INS UNTERNEHMEN

Dies bringt uns zum letzten Schritt bei der Entwicklung des Zielbildes. Das entwickelte Zielbild sollte nicht einfach still und heimlich im Hinterzimmer verstauben, sondern muss aktiv kommuniziert und in die Unternehmenskultur eingebettet werden. Es ist entscheidend, das Zielbild allen Mitarbeitern klarzumachen und sie kontinuierlich über Erwartungen, Ziele und den aktuellen Fortschritt zu informieren. Dadurch bleibt das Zielbild nicht nur in den Köpfen der Angestellten präsent, sondern durch die aktive Beteiligung der Führungsebenen steigt auch die Akzeptanz unter den Mitarbeitern.

Haben wir das Zielbild fertiggestellt und kommuniziert, ist ein wesentlicher Schritt in Richtung eines erfolgreichen Prozessmanagements gemacht. Jetzt bilden alle weiteren Maßnahmen eine gemeinsame Basis, die als Orientierung dient und den Grundstein für weiteres Wachstum legt. Da die Ziele klar und nach der SMART-Methode definiert sind, können Fortschritte leicht gemessen und mit dem ursprünglichen Ziel abgeglichen werden.

Nachdem das Zielbild in Stein gemeißelt ist, folgt die Bestandsaufnahme und Analyse der aktuellen Prozesse. Es ist essenziell, die Ausgangslage genau zu kennen, um die gesteckten Ziele effektiv anvisieren zu können. Warum es dabei so wichtig ist, erst die Ziele zu definieren und danach die Ist-Situation zu untersuchen (und nicht andersherum), beleuchten wir im nächsten Schritt genauer.

2. SCHRITT: DIE AKTUELLEN PROZESSE ANALYSIEREN

Stellt euch vor: Je wilder und verworrener die Prozesslandschaft in einem Unternehmen ist, desto mehr ›Magie‹ können wir in den kommenden Wochen und Monaten entfalten. Das liegt daran, dass wir einen viel größeren Wirkungsgrad haben, als wenn die Prozesse alle schon nahezu optimal aufgestellt sind. Aber genau das ist es, was das Prozessmanagement so interessant und spannend macht. Man geht über einen langen Zeitraum davon aus, dass alles so, wie es ist, eigentlich ganz gut ist, bis man vom Gegenteil überzeugt wird.

Ein Beispiel: Wollte man sich vor wenigen Jahren noch eine Pizza nach Hause liefern lassen, ging dies nur über eine telefonische Bestellung. Wer diesen Vorgang noch kennt, weiß, dass in mancher Pizzeria das Telefon zwischen der brummenden Dunstabzugshaube und dem laufenden Fernsehgerät stand, was die Kommunikation zuweilen erschwerte. Daraus resultierten bisweilen Überraschungsmenüs, die aber akzeptiert wurden, solange man nicht selbst zum Abholen fahren musste. Heute? Bestellt man bequem per App und die Fehlerquote ist weitaus niedriger. Anrufen kann man heute auch noch, aber dies wird sicherlich wesentlich weniger genutzt.

In diesem Projektschritt nehmen wir nicht nur die Ist-Zustände unserer Geschäftsprozesse auf und dokumentieren sie, sondern bewerten sie auch und spüren Verbesserungspotenziale auf. Das Ergebnis dieser Fleißarbeit bildet eine solide Grundlage für unsere zukünftigen Optimierungen und Benchmarks.

1. PROZESSAUFNAHME

Die erste Stufe der Prozessanalyse ist die Prozessaufnahme, und, wie der Name schon vermuten lässt, geht es hier um das systematische Erfassen aller Unternehmensprozesse. Dabei wird jede Führungskraft und jeder Mitarbeiter gebeten, sein Tagesgeschäft mit drei einfachen Angaben zu dokumentieren:

- ▶ **WAS IST DIE AUFGABE?**
- ▶ **WIE LANGE DAUERT DIE ERLEDIGUNG DER AUFGABE?**
- ▶ **WIE HÄUFIG KOMMT DIE AUFGABE VOR?**

Diese Grunddaten verschaffen uns einen ersten Überblick über die anfallenden Aufgaben in den jeweiligen Abteilungen oder Bereichen.

WAS IST DIE AUFGABE?

Hier reicht eine knappe Beschreibung in Objekt-Verb-Form – keine Romane, bitte! ›Bericht erstellen‹ ist allerdings etwas zu vage, wenn es eine Vielzahl an Berichten gibt. Präziser wäre

›Projektstatusbericht erstellen‹. Weitere Beispiele könnten sein: ›Vertriebsdaten aktualisieren‹, ›Wareneingänge buchen‹ oder ›Teambesprechung durchführen‹. Stellt es euch vor wie das Notieren eines Rezepts: ›Tomaten schneiden‹, ›Käse-Soße abschmecken‹ oder ›Pizzateig kneten‹.

WIE LANGE DAUERT DIE ERLEDIGUNG DER AUFGABE?

Gebt die Dauer am besten in 15-Minuten-Intervallen an. Das ist einfacher zu handhaben und toleriert kleine zeitliche Schwankungen. Bei Aufgaben, die mehr Zeitvariabilität aufweisen, ist die Angabe eines Durchschnittswertes ratsam. Falls mehrere Personen dieselbe Aufgabe haben, sollte jeder seine eigene Zeit erfassen, um eine große Bandbreite zu erhalten und nicht nur auf den flinksten oder langsamsten Kollegen zu schauen.

WIE OFT KOMMT DIE AUFGABE VOR?

Hier wird das regelmäßige Auftreten der Aufgabe dokumentiert: Täglich, wöchentlich, monatlich, jährlich oder ›bei Bedarf‹. Diese Informationen helfen später bei der Kategorisierung und Einschätzung der Prozesseffizienz.

Beispielsweise könnte eine Tabelle für die Prozessaufnahme wie folgt aussehen:

AUFGABE?	DAUER? (IN MIN.)	RHYTHMUS?
Projektbericht (Woche) aktualisieren	30	Wöchentlich
Werksdaten einlesen	15	Täglich

AUFGABE?	DAUER? (IN MIN.)	RHYTHMUS?
Teilnahme Werksleiter-Meeting	60	Wöchentlich
Qualitätsprüfung Datenbank	30	Täglich
Teambesprechung	30	Täglich
Bearbeitung Mid-Month-Forecast	120	Monatlich
Werks-Reporting für Geschäftsführung erstellen	90	Monatlich

Die Prozessaufnahme sollte den Arbeitsalltag so wenig wie möglich stören. Denkt an das schnelle Schreiben einer Einkaufsliste während einer Kaffeepause. Die Daten können mit Stift und Papier oder digital in einer Tabellenkalkulation erfasst werden, was für die weiteren Schritte zu empfehlen wäre. Die Mitarbeiter können die Informationen vor oder nach Erledigung ihrer Aufgaben oder gebündelt am Ende des Tages notieren. Jede Aufnahme dauert weniger als eine Minute.

Um eine möglichst umfassende Datensammlung zu gewährleisten, sollte die Aufzeichnung über einen längeren Zeitraum erfolgen. Auf diese Weise werden auch Aufgaben erfasst, die nur monatlich oder noch seltener anfallen.

FLEXIBILITÄT IN DER PROZESSAUFNAHME

Falls es die Zeit zulässt, sollten die Mitarbeiter diese Informationen noch mit zusätzlichen Details anreichern. Falls das Tagesgeschäft jedoch keine Zeit für eine solche detaillierte Datenerfassung bietet, kann dieser Schritt vorübergehend ausgesetzt und zu einem späteren Zeitpunkt nachgeholt werden. Für ein effektives Prozessmanagement ist es zwar wichtig, den nächsten Schritt zeitnah durchzuführen, doch erlauben die hier vorgeschlagenen Methoden eine flexible Handhabung, ohne die Grundstruktur des Konzepts zu gefährden.

INFORMATIONSMEHRWERT FÜR DAS PROZESSMANAGEMENT

Die durch die Prozessaufnahme gewonnenen Informationen sind für das Prozessmanagement enorm wertvoll, auch wenn es sich zunächst nur um Basisdaten handelt. Sie geben Aufschluss darüber, welche Aufgaben häufig anfallen und welche eher sporadisch erledigt werden müssen. Man kann erkennen, welche Aufgaben am längsten und welche am kürzesten dauern. Durch die Analyse der Daten lässt sich auch erkennen, ob Mitarbeiter eher mit wenigen zeitintensiven Aufgaben oder vielen kurzen Tätigkeiten betraut sind. Darüber hinaus wird sichtbar, wie viel Zeit typischerweise für manuelle Dateneingaben, die Erstellung von Berichten oder die Teilnahme an Meetings aufgewendet wird.

2. PROZESSDOKUMENTATION

Nachdem die erste Phase der Prozessaufnahme abgeschlossen ist, folgt die Prozessdokumentation, die eine tiefere und detailliertere Untersuchung der Arbeitsabläufe ermöglicht. Hierfür habe ich das REZEPT-Modell entwickelt, das aus sechs wesentlichen Komponenten besteht und eine umfassende Analyse jedes Prozesses liefert.

REZEPT-MODELL

RHYTHMUS: Wie oft kommt der Prozess vor? (Teil der Prozessaufnahme)

ERLEDIGUNGEN: Was sind die Aufgaben innerhalb des Prozesses? (Erweitert gegenüber der Prozessaufnahme um mehr Detailtiefe)

ZEIT: Wie lange dauert der Prozess? (Teil der Prozessaufnahme)

ENDE: Ab wann gilt der Prozess als abgeschlossen?

PERSON: Wer ist für die Erledigung des Prozesses zuständig?

TRIGGER: Was löst den Prozess aus?

Zum besseren Verständnis sei hier das SIPOC-Modell als Vergleich herangezogen, das den Prozessablauf von der Quelle bis zum Kunden beschreibt und somit eher auf die Prozesskette fokussiert:

SIPOC-MODELL

SUPPLIER (LIEFERANT):	Liefert die notwendigen Ressourcen für den Prozess.
INPUT:	Was wird dem Prozess zugeführt?
PROCESS (PROZESS):	Der eigentliche Ablauf.
OUTPUT:	Was kommt am Ende des Prozesses heraus?
CUSTOMER (KUNDE):	Wer erhält das Ergebnis?

Der Unterschied zwischen REZEPT und SIPOC liegt darin, dass SIPOC die logistische Kette eines Prozesses darstellt (woher, wohin), während REZEPT auf die interne Gestaltung und Details des Prozesses selbst abzielt (was).

ZIEL DER PROZESSDOKUMENTATION

Das Ziel dieser Phase ist es, eine vollständige und detaillierte Auflistung aller Unternehmensprozesse zu erstellen, vergleichbar mit einer sorgfältig geordneten Rezeptsammlung in einem Kochbuch. Dabei sind Unklarheiten und Fragen nicht nur erwartet, sondern gewünscht, da sie uns helfen, mögliche Schwachstellen und Verbesserungspotenziale zu identifizieren. Nachfolgend ein Beispiel für eine Prozessdokumentation nach dem REZEPT-Modell:

BEISPIEL REZEPT-MODELL

RHYTHMUS	ERLEDIGUNG(EN)	ZEIT (IN MIN)	ENDE	PERSON	TRIGGER
Täglich	Werksdaten einlesen: – Datenbank-Job: »Werksdaten einlesen« starten	15	»Upload erfolg-reich – Nachricht aus der Datenbank	Max Mustermann	Mail von Fr. Meier/spätes-tens 16:00
Täglich	Qualitätsprüfung Datenbank: – Qualitätsdashboard in der Datenbank öffnen – Maske »Fehlerprotokolle« aufrufen – Doppelklick auf Fehlereinträge: Fehlertext analysieren – Bei Eingabefehlern Info an betroffenen Werksleiter/ – Bei Time-outs Info an IT/Sonstige Fehler als »gelesen« markieren	30	Anzahl Fehler 0 oder bei Fehler(n): Weiterleitung an IT oder betroffenen Werksleiter	Max Mustermann	System-Mail »Datenbank-Jobs ab-geschlossen«
Monatlich	Bearbeitung Mid-Month-Forecast: – Forecast-Daten von Werksleitern anfordern (Template mitschicken) – Bei Rückantwort Daten auf Vollständigkeit prüfen – Datei per »Datenbank-Upload«-Button in die Datenbank hochladen – Falls »Fehler im Upload« Meldung: Fehlertext prüfen und Datei selbst reparieren oder zurück an Werksleiter schicken – Wenn alle Daten hochgeladen sind, Klick auf »Forecast-Basis-Download«-Button in der Datenbank – Download in Datei »Forecast-Reporting« kopieren – Grafiken aus der Datei in die Präsentation »Mid-Month-Forecast« einarbeiten. ACHTUNG: Vormonatsdaten als »Prev Month« kennzeichnen	120	Mail mit Mid-Month-Forecast-Präsenta-tion an Fr. Müller	Max Mustermann	10. Arbeits-tag, Mail von Fr. Müller

Monatlich	Werks-Reporting für Geschäftsführung erstellen: – Button ›Volldownload‹ in der Datenbank anklicken – Daten in die Datei ›Reporting-Master‹ einfügen – Einzelne Blätter durchgehen und Abweichungen >10 % / −10 % kommentieren (ggf. Werksleiter fragen) – Tabellenblätter ›Performance‹ und ›Kapazität‹ in neue Datei kopieren und diese ›Auslastung‹ nennen – Tabellenblätter ›Overview‹, ›Budgetplanung‹, ›Ergebnisse‹ und ›Grafiken‹ in neue Datei kopieren und diese ›Ist vs. Plan‹ nennen – Tabellenblatt ›Ranking‹ in neue Datei kopieren und diese ›Rankings‹ nennen – Von jeder der 3 Dateien eine PDF-Version erstellen	90	Mail mit Anhängen (›Auslastung‹, ›Ist vs. Plan‹ und ›Ranking‹) an Fr. Müller verschickt	Max Mustermann	Erster Arbeitstag im Monat
Täglich	Download von Maschinendaten: – Virtuelle Konsole öffnen – Anwendung ›MachineControlCenter‹ öffnen – Im Dropdown-Menü die einzelnen Werke auswählen und ›Maschinendaten laden‹ anklicken – Heruntergeladene Dateien im Zentralordner ›Maschinendaten‹ abspeichern	45	8 CSV-Dateien (1x pro Werk) heruntergeladen und zentral abgespeichert	Erika Normalverbraucher	Täglich nach der Mittagspause
Täglich	Lagerbestände prüfen: – Datenbank-Job: ›Lager Bewegungsdaten‹ starten – Aufgerufene Tabelle ›Lager Bewegung‹ herunterladen – Daten in Datei ›Übersicht Lager‹ kopieren und aktualisieren – Bei Warnmeldungen, Info an Werksleiter	30	Lagerbestände geprüft und ggf. Benachrichtigungen an Werksleiter	Erika Normalverbraucher	10:00 täglich

HINWEISE ZUR UMSETZUNG DER PROZESSDOKUMENTATION

Die Erweiterung der Dokumentation sollte möglichst ohne große Störungen des Tagesgeschäfts erfolgen, um die Belastung für die Mitarbeiter so gering wie möglich zu halten. Es ist wichtig, dass die Prozesse so dokumentiert werden, wie sie tatsächlich ausgeführt werden, um eine genaue Basis für die späteren Bewertungs- und Optimierungsphasen zu schaffen. Aber wie in der vorherigen Stufe beschrieben, kann die Dokumentation auch vorerst übersprungen werden.

3. PROZESSBEWERTUNG

Die dritte Stufe des Prozessmanagements bildet die Prozessbewertung. Hierbei führen wir eine Art Qualitätsprüfung durch, die auf den Informationen basiert, die wir während der ersten (oder ersten beiden) Stufe(n) gesammelt haben. Das Ziel hierbei ist es, die Leistungsfähigkeit und Wirksamkeit jedes Prozesses zu untersuchen. Dabei wollen wir herausfinden, wie viel Arbeit es braucht, um unsere Prozesse zu optimieren und neu zu strukturieren.

Auch wenn die Prozessdokumentation in Stufe 2 aus Zeitgründen übersprungen wurde, ist es möglich, eine Bewertung durchzuführen. Selbst mit den grundlegenden Informationen können wir bereits erkennen, welche Prozesse besonders (in)effizient sind. Dennoch sollte, um eine umfassende Analyse zu gewährleisten, eine detailliertere Dokumentation nachgeholt werden.

Bevor wir jedoch mit der Bewertung beginnen, müssen wir definieren, was genau Effizienz in diesem Kontext bedeutet. Wie bereits im Abschnitt ›Grunddefinition von Prozessen‹

Prozessmanagement, Effizienz & Effektivität‹ erläutert, bezeichnet Effizienz das Verhältnis von eingesetzten Mitteln zum erreichten Erfolg. Dabei unterscheiden wir zwischen dem Minimalprinzip, bei dem mit variablen Mitteln ein festgelegtes Ziel erreicht wird, und dem Maximalprinzip, bei dem mit gegebenen Mitteln das bestmögliche Ergebnis angestrebt wird.

Ob ein Prozess besser nach dem Minimal- oder Maximalprinzip funktioniert, hängt von den einzelnen Faktoren der Prozesse ab (Ob zum Beispiel das Ergebnis in einer bestimmten Form vorliegen MUSS oder die gegebenen Mittel für den Prozess limitiert sind, oder Ähnliches). Um generell erst einmal die Effizienz eines Prozesses zu prüfen, nutzen wir vier Bewertungsmethoden:

1. METHODE: DURCHLAUFZEITEN ERMITTELN

Diese Methode konzentriert sich auf zwei wesentliche Fragen aus der Prozessaufnahme: ›Wie lange dauert die Erledigung der Aufgabe?‹ und ›Wie häufig kommt die Aufgabe vor?‹ Aus diesen Informationen leiten wir die Durchlaufzeit pro Durchführung sowie die Durchlaufzeit pro Monat ab – auch wenn der Prozess vierteljährlich oder seltener ausgeführt wird. Diese Kennzahlen sind besonders aufschlussreich, wenn es darum geht, die Zeitbelastung der Prozesse miteinander vergleichbar zu machen.

Stellt euch das wie einen Staffellauf vor: Ein täglicher 15-Minuten-Prozess summiert sich zu einer beträchtlichen Monatsgesamtdauer, während ein vierstündiger Prozess, der nur einmal monatlich ansteht, weniger ins Gewicht fällt.

Dies hilft uns zu erkennen, welche Aufgaben regelmäßig viel Zeit in Anspruch nehmen und möglicherweise neu gestaltet werden müssen.

2. METHODE: DURCHFÜHRUNGSPERSONALKOSTEN ABSCHÄTZEN

Nachdem die Durchlaufzeiten ermittelt wurden, können wir zusätzlich die damit verbundenen Personalkosten abschätzen. Besonders im kaufmännischen Bereich sind diese Kosten oft nicht sofort ersichtlich. Wir verwenden hierfür eine einfache Formel:

$$\text{Durchführungspersonalkosten} = \frac{\text{Stundenlohn}}{60} \times \text{Prozessdauer in Min.}$$

Der Stundenlohn wird dabei wie folgt kalkuliert:

$$\text{Stundenlohn} = \frac{\text{monatliches Gehalt}}{\text{Anzahl vertraglicher Arbeitsstunden pro Monat}}$$

Es ist oft nicht erforderlich oder sogar unerwünscht, dass individuelle Gehaltsinformationen breit geteilt werden. Stattdessen kann die Verwendung von Durchschnittswerten aus der Branche oder Schätzungen für ähnliche Positionen eine ausreichende Genauigkeit für die Kostenanalyse bieten. Dies ermöglicht es, einen Überblick über die Kosten zu gewinnen, ohne sensible Gehaltsdetails offenlegen zu müssen, und hilft dabei, die Transparenz in finanziellen Bewertungen zu bewahren, während die Diskretion gewahrt bleibt.

Diese Methode liefert eine Kostenschätzung, die durch unterschiedliche Gehaltsstufen beeinflusst wird. Manche Prozesse, die von höher bezahlten Mitarbeitern ausgeführt werden, zeigen höhere Personalkosten, auch wenn sie zeitlich kürzer sind als andere Tätigkeiten, die von weniger gut bezahlten Mitarbeitern durchgeführt werden und länger dauern.

3. METHODE: FEHLERQUOTE UNTERSUCHEN

Die Analyse der Fehlerquote bildet die dritte Methode zur Bewertung von Geschäftsprozessen. Diese Methode ermöglicht es, die Zuverlässigkeit und Präzision von Prozessen zu quantifizieren, indem sie das Verhältnis von fehlerhaften zu insgesamt durchgeführten Prozessen betrachtet.

$$\text{Fehlerquote} = \left(\frac{\text{Fehlerhafte Prozessduhführungen}}{\text{Gesamtanzahl der Prozessdurchführungen}} \right) \times 100$$

Als ›fehlerhaft‹ werden Prozesse erachtet, die nicht nur unvollständig oder fehlerbehaftet sind, sondern auch solche, die verspätet abgeschlossen werden, selbst wenn das ›Ende‹ des Prozesses flexibel ist. Starke zeitliche Schwankungen sollten ebenfalls als Fehler gewertet werden, um die Integrität des Prozesses zu bewahren.

Für eine vorläufige Einschätzung, die auf einer groben Indikation basiert, können wir die folgenden Schwankungen verwenden:

NIEDRIGE FEHLERQUOTE: Bei weniger als 10 Prozent der Durchführungen treten qualitative Einschränkungen oder zeitliche Verzögerungen auf.

MITTLERE FEHLERQUOTE: 10–25 Prozent der Durchführungen bewegen sich außerhalb des qualitativen und zeitlichen Idealrahmens.

HOHE FEHLERQUOTE: Werden mehr als 25 Prozent der Prozesse fehlerhaft oder verspätet abgeschlossen, deutet dies auf erhebliche Qualitätsschwankungen hin, die dringenden Optimierungsbedarf signalisieren.

Diese Kennzahl erfordert spezifische Daten, die möglicherweise nicht während der ursprünglichen Prozessaufnahme oder -dokumentation gesammelt wurden. Es empfiehlt sich daher, diese wichtigen Informationen künftig zuverlässig zu erfassen und die Prozessqualität kontinuierlich zu überwachen. Dadurch kann sich nicht nur die Datengenauigkeit erhöhen, sondern hierdurch lassen sich auch tiefer gehende Einsichten in die Prozessstabilität gewinnen. Dies wiederum trägt dazu bei, die Unternehmensabläufe effektiver zu steuern und zu verbessern.

4. METHODE: INTERNES BENCHMARKING VORNEHMEN

Die vierte Methode zur Bewertung von Geschäftsprozessen ist das interne Benchmarking, also Prozessvergleiche innerhalb eines Unternehmens. Dieser Ansatz ermöglicht es, von den besten Leistungen zu lernen und diese eventuell als neue Standards zu setzen.

Interne Benchmarks basieren auf den Daten, die aus der Prozessaufnahme und den ersten drei Bewertungsmethoden gesammelt wurden. Durch den Vergleich ähnlicher Prozesse innerhalb des Unternehmens kann man erkennen, welche Abteilungen oder Prozesse besonders effizient oder ineffizient sind. Hier sind einige typische Geschäftsprozesse, die oft für ein internes Benchmarking herangezogen werden:

- ▶ Meetings und Besprechungen
- ▶ Berichterstattung und Analysen
- ▶ Buchhaltungs- und Finanzvorgänge
- ▶ Projektbearbeitung
- ▶ Kundenbetreuung und -support
- ▶ Dokumentenverwaltung
- ▶ Marketingaktivitäten
- ▶ Schulungen
- ▶ Personaladministration
- ▶ Logistikprozesse
- ▶ usw.

Stellt euch vor, es ist wie bei Köchen, die entdecken, dass die Methode eines Kollegen, Gemüse zu schneiden, viel schneller ist und diese Technik dann übernehmen, um ihre eigene Küchenleistung zu verbessern.

Die Anwendung aller vier Bewertungsmethoden hebt die größten Defizite hervor und führt zu einer erweiterten Liste aller Prozesse (REZEPT-Liste), die nun durch die Bewertungsergebnisse ergänzt wird. Diese umfassende Liste dient als erstes Gesamtbild, das die allgemeine Prozesssituation illustriert und als Vergleichsbasis für zukünftige Verbesserungen fungiert.

Folgend ein Beispiel, wie die Erweiterung um die vier Bewertungsmethoden aussehen könnte. Um die Übersichtlichkeit und Lesbarkeit zu gewährleisten, habe ich die Spalten für ›Zeit‹, ›Ende‹, ›Person‹ und ›Trigger‹ in dieser Darstellung ausgeblendet. Dennoch ist zu bedenken, dass diese Spalten wichtige Informationen enthalten.

BEISPIEL ERWEITERTES REZEPT-MODELL

RHYTHMUS	ERLEDIGUNG(EN)		DURCHLAUFZEIT PRO MONAT (IN MIN.)	DURCHFÜHRUNGS-PERSONALKOSTEN	FEHLER-QUOTE	KATEGORIE
Täglich	**Werksdaten einlesen:** – Datenbank-Job »Werksdaten einlesen« starten	–	300	130,21 €	Niedrig	Datenver-arbeitung
Täglich	**Qualitätsprüfung Datenbank:** – Qualitätsdashboard in der Datenbank öffnen – Maske »Fehlerprotokolle« aufrufen – Doppelklick auf Fehlereinträge: Fehlertext analysieren – Bei Eingabefehlern Info an betroffenen Werksleiter / Bei Time-outs Info an IT / Sonstige Fehler als »gelesen« markieren	–	600	260,42 €	Niedrig	Datenver-arbeitung
Monatlich	**Bearbeitung Mid-Month-Forecast:** – Forecast-Daten von Werksleitern anfordern (Template mitschicken) – Bei Rückantwort Daten auf Vollständigkeit prüfen – Datei per »Datenbank-Upload«-Button in die Datenbank hochladen – Falls »Fehler im Upload«-Meldung: Fehlertext prüfen und Datei selbst reparieren oder zurück an Werksleiter schicken – Wenn alle Daten hochgeladen sind, Klick auf »Forecast-Basis-Download«- Button in der Datenbank – Download in Datei »Forecast-Reporting« kopieren – Grafiken aus der Datei in die Präsentation »Mid-Month-Forecast« einarbeiten. ACHTUNG: Vormonatsdaten als »Prev Month« kennzeichnen	–	120	52,08 €	Mittel	Berichts-wesen & Analysen

Monatlich	**Werks-Reporting für Geschäftsführung erstellen:** – Button ›Volldownload‹ in der Datenbank anklicken – Daten in die Datei ›Reporting Master‹ einfügen – Einzelne Blätter durchgehen und Abweichungen › 10 %/ –10 % kommentieren (ggf. Werksleiter fragen) – Tabellenblätter ›Performance‹ und ›Kapazität‹ in neue Datei kopieren und diese ›Auslastung‹ nennen – Tabellenblätter ›Overview‹, ›Budgetplanung‹, ›Ergebnisse und ›Grafiken‹ in neue Datei kopieren und diese ›Ist vs. Plan‹ nennen – Tabellenblatt ›Ranking‹ in neue Datei kopieren und diese ›Ranking‹ nennen – Von jeder der 3 Dateien eine PDF-Version erstellen	–	90	39,06 €	Mittel	Berichts-wesen & Analysen
Täglich	**Download von Maschinendaten:** – Virtuelle Konsole öffnen – Anwendung ›MachineControlCenter‹ öffnen – Im Dropdown-Menü die einzelnen Werke auswählen und ›Maschinendaten laden‹ anklicken – Heruntergeladene Dateien im Zentralordner ›Maschinendaten‹ abspeichern	–	900	492,19 €	Niedrig	Datenver-arbeitung
Täglich	**Lagerbestände prüfen:** – Datenbank-Job: ›Lager Bewegungsdaten‹ starten – Aufgerufene Tabelle ›Lager Bewegung‹ herunterladen – Daten in Datei ›Übersicht Lager‹ kopieren und aktualisieren – Bei Warnmeldungen, Info an Werksleiter	–	600	328,13 €	Niedrig	Datenver-arbeitung

Innerhalb der Kernprojektgruppe sollte diese Liste über-prüft werden, um herauszufinden, welche generellen Optimierungen erforderlich sind. Gibt es vielleicht keine zeitlichen Probleme, aber Qualitätsmängel? Wie hoch ist die Prozessfrequenz insgesamt? Wie sieht es mit den Durchführungspersonalkosten aus? Welche Kategorien sind besonders ineffizient?

In der nächsten Stufe, der Prozessoptimierung, werden wir spezifische Maßnahmen ergreifen, um die identifizierten Probleme anzugehen. Dafür müssen wir aber wissen, an welchen Stellen optimiert werden muss. Ein Restaurant wird nicht besser, indem man neu tapeziert, wenn das eigentliche Problem die Qualität der Soße ist.

Durch dieses systematische Vorgehen kann das Unternehmen sicherstellen, dass es sich an den richtigen Stellen verbessert, basierend auf soliden Daten und einem klaren Verständnis der vorhandenen Prozesslandschaft.

4. PROZESSOPTIMIERUNG

Nach der gründlichen Analyse und Bewertung der bestehenden Prozesse erreichen wir jetzt das Kernstück des Prozessmanagements: die Prozessoptimierung. In dieser Stufe geht es darum, die identifizierten Ineffizienzen gezielt zu adressieren und die Prozesse effektiver zu gestalten.

Da jedes Unternehmen seine ganz eigenen Herausforderungen und eine spezifische Unternehmenskultur hat, sind maßgeschneiderte Optimierungsstrategien gefragt. Eine ›One Size Fits All‹-Lösung greift hier zu kurz. Vielmehr muss jede Optimierungsmaßnahme sorgfältig auf die individuellen Bedürfnisse und Gegebenheiten abgestimmt werden. Im Folgenden stelle ich bewährte Optimierungsmethoden und -ansätze vor, die sich in unterschiedlichen Unternehmenskontexten als effektiv erwiesen haben und auf die die Prozesse hin überprüft werden sollten:

REDUZIERUNG

Das Erste, worauf Prozesse geprüft werden sollten, sind Möglichkeiten zur Reduzierung, um die Effizienz und Wirksamkeit der verbleibenden Prozesse zu steigern. Dies umfasst die Eliminierung von Redundanzen, Teilschritten oder sogar ganzen Prozessen, ohne die Qualität des Endprodukts oder der Dienstleistung zu beeinträchtigen.

In der Küche spricht man bei ›Reduzierung‹ von einem Prozess, bei dem eine Flüssigkeit eingekocht wird, um sie zu verdicken und den Geschmack zu intensivieren. Nicht benötigtes Wasser verdampft und hinterlässt die konzentrierten Aromen. Genau das streben wir mit unseren Prozessen an.

Die einfache Reduzierung zielt auf die Entfernung offensichtlich irrelevanter Schritte ab, die keine Wertschöpfung bieten oder redundant sind. Dies lässt sich teilweise schon aus dem REZEPT-Modell ableiten oder durch die nachfolgenden Methoden ermitteln. Doch bevor wir Prozessschritte einfach streichen, muss geklärt werden, ob wir diese (vermeintlich) unnötigen Teile entfernen können, ohne den Gesamtprozess zu gefährden. Bei redundanten Prozessen hilft das REZEPT-Modell sicherzustellen, dass tatsächlich eine Redundanz vorliegt. Irrelevante Prozessschritte können bei der nächsten Durchführung ausgelassen und unnötige Prozesse vollständig eingestellt werden.

FRAGE DES OPTIMIERUNGSANSATZES FÜR REDUZIERUNGEN:
›Gibt es Prozessschritte oder Prozesse, die ersatzlos gestrichen werden können?‹

ERFAHRUNGSBERICHT: REDUZIERUNG BEI DER BERICHTSERSTELLUNG
Für einen Kunden hat die Controlling-Abteilung monatlich viele verschiedene Berichte für unterschiedliche Empfängerkreise erstellt. Da man sich bereits länger gefragt hatte, welche der Berichte überhaupt noch Relevanz besitzen, haben wir einen einfachen Test durchgeführt: Bei Berichten, deren Relevanz zweifelhaft war, wurden im Folgemonat leere Dokumente verschickt. Die Annahme war, dass sich Empfänger melden würden, sollten sie die Berichte tatsächlich benötigen.

Bei 2 von 10 ›Leersendungen‹ gab es Rückmeldungen. Die anderen acht Berichte wurden im darauffolgenden Monat nicht mehr verschickt und es gab keine Reaktion von den Empfängern. Dadurch sparten die Mitarbeiter die Zeit für die Erstellung dieser acht Berichte ein, was einen Zeitgewinn von etwa vier Stunden pro Monat bedeutete.

PROZESSEFFIZIENZ IN %
Bei der Bewertung von Prozessen mit zahlreichen Schritten ist die Berechnung der Prozesseffizienz, bekannt als Process Cycle Efficiency (PCE), besonders aufschlussreich.

Diese Kennzahl zeigt den Anteil der wertschöpfenden Zeit an der Gesamtzeit des Prozesses und hilft, ineffiziente Elemente zu identifizieren. Wertschöpfende Aktivitäten sind solche, die direkt zum Ergebnis beitragen, während nicht-wertschöpfende Aktivitäten wie Wartezeiten oder Überbearbeitungen keinen direkten Mehrwert liefern.

Die Formel zur Berechnung der PCE lautet wie folgt:

$$PCE = \frac{\text{Wertschöpfende Zeit}}{\text{Gesamtzeit des Prozesses}}$$

Ein praktisches Beispiel hierfür könnte der Prozess von der Bestellung bis zur Auslieferung eines Steaks in einem Restaurant sein:

GESAMTZEIT DES PROZESSES: 30 Minuten
WERTSCHÖPFENDE AKTIVITÄTEN: 12 Minuten

▶ Steak würzen: 1 Minute
▶ Steak grillen: 8 Minuten
▶ Beilagen anrichten: 3 Minuten

Die PCE-Berechnung würde dann so aussehen:

$$PCE = \frac{12 \text{ Minuten}}{30 \text{ Minuten}} = 0,4 \quad \text{oder} \quad 40\%$$

Ein PCE von 40 Prozent bedeutet, dass weniger als die Hälfte der Zeit für wertschöpfende Aktivitäten aufgewendet wird. Die verbleibenden 18 Minuten könnten mit Tätigkeiten wie dem Holen der Gewürze, Warten auf den Grill, Überprüfen der Garstufe oder Warten auf den Service verbunden sein. Hier müsste man prüfen, inwieweit man die nicht-wertschöpfenden Prozessschritte verkürzen oder eliminieren kann.

FRAGE DES OPTIMIERUNGSANSATZES FÜR DIE PROZESSEFFIZIENZ:
›Wie hoch ist mein Anteil an wertschöpfenden Aktivitäten im Prozess?‹

ERFAHRUNGSBERICHT: INTERNE LEISTUNGSVERRECHNUNG FÜR SOFTWARE

Bei einem Kunden wurde in einem Zwei-Monats-Rhythmus eine interne Leistungsverrechnung für die Software durchgeführt. Dabei wurden die Kosten für Anwendungen wie das ERP-System oder die virtuelle Arbeitsumgebung auf die Tochtergesellschaften umgeschlüsselt und in Rechnung gestellt. Vom Start des Prozesses bis zum Versand der Rechnungen vergingen durchschnittlich vier Tage. Innerhalb der Abteilung gab es unterschiedliche Meinungen, ob diese vier Tage notwendig oder einfach zu lang waren. Um dies herauszufinden, haben wir den Prozess, so wie er zu dem Zeitpunkt gelebt wurde, aufgezeichnet und die Prozessschritte markiert, die einen Wert zum Endergebnis beigetragen haben. Das Ergebnis war eine Prozesseffizienz von weniger als 30 Prozent. Ein Großteil der nicht-wertschöpfenden Aktivitäten entfiel dabei auf Wartezeiten und Überbearbeitungen. Zum Abschluss des Projekts konnten wir die Prozesseffizienz auf über 80 Prozent steigern, was einer Halbierung der Prozesslaufzeit entsprach.

AUTOMATISIERUNGEN

In der modernen Geschäftswelt ist die Automatisierung ein entscheidender Faktor zur Steigerung der Effizienz und zur Reduzierung von Kosten. Sie ermöglicht es Unternehmen, wiederholende und zeitintensive Aufgaben durch technologischen Einsatz zu ersetzen und somit wertvolle Mitarbeiterressourcen für strategischere Aufgaben zu verwenden.

In der Küche könnte ein Beispiel für Automatisierung eine Spülstraße sein, wo das dreckige Geschirr der Gäste automatisch gespült und abgetrocknet wird.

FRAGE DES OPTIMIERUNGSANSATZES FÜR AUTOMATISIERUNGEN:
›Kann ich den Prozess, oder Teile davon, automatisieren?‹

ERFAHRUNGSBERICHT: DATENVERTEILUNG
(MEIN ERSTES OPTIMIERUNGSPROJEKT)
In meinem ersten Projekt als Unternehmensberater bekam ich die Aufgabe, täglich die Einträge einer ziemlich umfangreichen Tabelle – wir reden hier von mehreren Spalten und über 100 Zeilen – nach bestimmten Kriterien auf mehrere andere Tabellen zu verteilen. Beim Kunden galt diese Aufgabe als besonders unbeliebt, sodass man sie mit einem verschmitzten Lächeln dem externen Neuling (also mir) übertrug.

Mithilfe der Programmiersprache VBA (Visual Basic for Applications) gelang es mir, den Prozess, der zuvor täglich ungefähr 10 Minuten verschlang, auf weniger als 30 Sekunden zu reduzieren. Auch wenn das auf den ersten Blick wie eine vernachlässigbare Optimierung erscheinen mag, lohnt es sich, die Jahresbilanz zu ziehen: Statt 2.000 Minuten (das sind immerhin 33,3 Stunden) benötigte der Prozess nun insgesamt nur noch 100 Minuten (= 1,6 Stunden).

QUIETSCHEENTCHEN-DEBUGGING

Das sogenannte Quietscheentchen-Debugging, auch bekannt unter dem charmanten Namen ›Rubber Duck Debugging‹, ist eine Methode aus der Welt der Softwareentwicklung, die darauf abzielt, durch Selbstreflexion und ausführliche Erklärungen Fehler in Prozessen zu identifizieren. Der originelle Name stammt von der etwas skurrilen Gewohnheit, einem unschuldigen Gummientchen, das geduldig auf dem Schreibtisch sitzt, den Programmcode laut vorzutragen. Der Clou dabei ist, dass allein das detaillierte Aufzählen der Probleme gegenüber einem stillen, wenngleich etwas gummiartigen Zuhörer ausreicht, um Licht ins Dunkel der Fehlerquellen zu bringen – und das ganz ohne nennenswerten Beitrag der quietschenden Fachkraft.

Das Prinzip ist einfach: Derjenige, der auf ein Problem stößt, erklärt es so ausführlich, als würde er es einem Fremden (oder einer Gummiente) erklären. Dabei zwingt er sich, den eigenen Denkprozess zu durchleuchten. Durch diese verbale Auseinandersetzung wird oft klar, wo der Denkfehler liegt oder welche Schritte übersehen wurden.

In einem Restaurant könnte Rubber Duck Debugging so aussehen: Ein Koch erklärt detailliert das Rezept für ein kompliziertes Gericht einer Gummiente oder alternativ dem Salzstreuer auf dem Küchentresen. Durch das Aussprechen wird ihm vielleicht klar, dass er einen wichtigen Schritt übersehen hat, der das Gericht jedes Mal anders schmecken lässt.

FRAGE DES OPTIMIERUNGSANSATZES FÜR QUIETSCHEENTCHEN-DEBUGGING:

›Kommen durch das detaillierte Erklären des Prozesses die Probleme oder mögliche Verbesserungen zum Vorschein?‹

ERFAHRUNGSBERICHT: DATUMSFORMAT

Bei einem Datenbankentwicklungsprojekt, an dem ich beteiligt war, stießen wir auf ein äußerst hartnäckiges Problem: Die Daten für Februar und März ließen sich nicht aus dem Altsystem in die neue Datenbank überführen. Trotz intensiver Fehlersuche kamen wir nicht auf die Ursache. Schließlich begann ein Teammitglied, halb aus Verzweiflung, seinem Schokoladen-Osterhasen auf dem Schreibtisch den bisherigen Prozess zu erklären. Währenddessen kam ihm die Erleuchtung: Das Altsystem akzeptierte fälschlicherweise den 30. Februar, die neue Datenbank jedoch nicht, was zum Abbruch der Datenübertragung führte. Nach einer manuellen Korrektur der Datumsangaben auf den 28. Februar lief die Übertragung ohne weitere Probleme. Zur Feier des Tages wurde der Schokoladen-Osterhase seiner Bestimmung zugeführt.

POKA-YOKE

Poka-Yoke, japanisch für ›dumme Fehler vermeiden‹, zielt darauf ab, menschliche Fehler in Produktionsprozessen durch präventive Maßnahmen zu verhindern. Ursprünglich von Shingō Shigeo für das Toyota-Produktionssystem entwickelt, hat sich Poka-Yoke zu einem grundlegenden Bestandteil des Lean Managements und der Qualitätssicherung entwickelt. Die Idee ist einfach: Mach es unmöglich, Fehler zu machen.

Die Anwendung von Poka-Yoke erfolgt meist durch einfache, aber effektive Mechanismen oder Prozessänderungen, die sicherstellen, dass Fehler nicht auftreten können. Dazu zählen beispielsweise Anschlüsse an Computern, die nur eine Richtung erlauben, oder Software, die bestimmte Eingaben verifiziert, bevor der nächste Schritt im Prozess freigegeben wird.

In der Küche könnten dies Zeitsensoren an Küchengeräten sein, die, sobald die eingestellte Zeit erreicht ist, das Küchengerät ausschalten und dadurch verhindern, dass die Speisen weder überkocht noch nicht ausreichend zubereitet wurden.

FRAGE DES OPTIMIERUNGSANSATZES FÜR POKA-YOKE:

›Wie kann ich dafür sorgen, dass es gar keine Möglichkeit gibt, Fehler zu machen?‹

ERFAHRUNGSBERICHT: SICHERHEITSVORSTUFE IN DER DATENBANK

Ein Kunde stand vor der Herausforderung, dass seine Datenbank täglich mit tausenden von Datensätzen gefüttert wurde. Ein erheblicher Teil dieser Datensätze war fehlerhaft oder unvollständig, was regelmäßig zu fehlerhaften Auswertungen führte. Die notwendige regelmäßige Bereinigung der Datenbank war zudem äußert zeitintensiv.

Um dieses Problem zu lösen, entschieden wir uns für die Einführung einer Sicherheitsvorstufe im Datenimportprozess. Diese Vorstufe prüfte jeden Datensatz vor dem Hochladen auf Vollständigkeit und Korrektheit. Nur fehlerfreie Datensätze wurden in die Hauptdatenbank übernommen, während fehlerhafte oder unvollständige Einträge automatisch isoliert wurden.

Durch diese Maßnahme wurde die Datenqualität signifikant verbessert. Die Auswertungen basierten fortan auf verlässlichen Daten, und die zeitraubenden Bereinigungsprozesse waren nicht mehr notwendig. Dies sparte nicht nur wertvolle Arbeitszeit, sondern steigerte auch das Vertrauen in die datenbasierten Entscheidungsprozesse.

REKAPITULATIONS-WORKSHOPS

Ein altes Sprichwort sagt: ›Hinterher ist man immer schlauer!‹ Warum also diese Weisheit nicht für zukünftige Prozesse nutzen? Vor allem bei größeren Prozessen wie Inventuren, Jahresabschlüssen, Planungsphasen oder umfangreichen Projekten lohnt sich eine gemeinsame Rückschau und Zusammenfassung. Hierfür bieten sich Rekapitulations-Workshops an, bei denen alle Beteiligten eines Prozesses idealerweise persönlich zusammenkommen und die wichtigsten Punkte und Erkenntnisse analysieren.

Diese Workshops beginnen typischerweise mit den Fragen ›Was war gut?‹ und ›Was war schlecht?‹. Das Ziel ist, bewährte Praktiken zu wiederholen und Fehler zukünftig zu vermeiden. Dabei ist es entscheidend zu klären, warum bestimmte Aspekte negativ waren und wie sie verbessert werden können. Abschließend sollte ein Dokument erstellt werden, das sowohl die positiven als auch die negativen Punkte festhält. Bei den negativen Aspekten sollten zusätzlich Informationen zu den Ursachen und möglichen Verbesserungen hinzugefügt werden.

›Was war gut?‹, ›Was war schlecht?‹, ›Wie können wir die guten Sachen wiederholen?‹, ›Wie können wir die schlechten Sachen zukünftig vermeiden?‹

ERFAHRUNGSBERICHT: AUSUFERNDER JAHRESABSCHLUSS

Für den Jahresabschluss eines Kunden war Mitte Januar als Stichtag für die Berichtsabgabe festgelegt. Fertig wurden wir jedoch erst Anfang Februar, was viel Frust und Ärger auslöste. Trotz der angespannten Stimmung zwischen den Beteiligten empfahl ich die Durchführung eines Rekapitulations-Workshops, um die Verzögerungen (die wohl auch schon in den Vorjahren auftraten) aufzuarbeiten.

Das Ergebnis des Workshops war, trotz einiger hitziger Momente, sehr aufschlussreich und teilweise äußerst interessant. Viele Störfaktoren hätten durch bessere Kommunikation vermieden werden können. Es wurden Themen wie Zuständigkeiten, Prioritäten und der Austausch von Informationen angesprochen, die, wenn besser kommuniziert, den Jahresabschluss wesentlich entspannter hätten verlaufen lassen. Auch andere ›Kleinigkeiten‹ trugen dazu bei, dass die Stimmung immer weiter sank und unnötiger Stress entstand.

Die gewonnenen Erkenntnisse wurden schriftlich festgehalten und allen Beteiligten zur Verfügung gestellt, mit der Bitte, diese beim nächsten Jahresabschluss zu berücksichtigen. Obwohl ich im folgenden Jahr nicht mehr für den Kunden tätig war, blieb ich über soziale Netzwerke mit einigen Mitarbeitern in Kontakt. Sie berichteten mir, dass der

Abschluss dank der dokumentierten Erkenntnisse wesentlich reibungsloser verlief. Zwar konnte der Stichtag erneut nicht ganz eingehalten werden, aber diesmal verfehlte man ihn nur um wenige Tage statt Wochen.

MACHEN (LASSEN)

Bei diesem Optimierungsansatz, der besser als ›Make or Buy‹-Entscheidung bekannt ist, steht die Frage im Mittelpunkt, ob es sinnvoller ist, Produkte oder Dienstleistungen extern einzukaufen oder intern zu erstellen. Ähnlich wie in Restaurants, die sich fragen, ob sie Nudelteig oder Torten selbst herstellen oder besser zukaufen sollten, müssen Unternehmen abwägen, welche Optionen sie wählen. Es gibt vier Kernfragen, die diese Entscheidung beeinflussen:

- ▶ Können wir das schneller?
- ▶ Können wir das besser?
- ▶ Können wir das billiger?
- ▶ Haben wir die Zeit dazu?

Auch im Rahmen des Prozessmanagements ist es klug, zu überlegen, ob bestimmte Prozesse oder Prozessketten besser intern abgewickelt oder an externe Dienstleister wie IT-Servicefirmen, Steuerberater, Headhunter oder Callcenter ausgelagert werden sollten. Entscheidend ist dabei, eine gründliche Analyse der Kosten und des Nutzens beider Optionen durchzuführen.

FRAGE DES OPTIMIERUNGSANSATZES FÜR MACHEN (LASSEN):

›Ist es besser, die Dinge selbst zu machen oder sie extern zuzukaufen?‹

ERFAHRUNGSBERICHT: EUROPALETTEN-AUFBEREITUNG

Ein großes Problem für die Logistik-Abteilung eines Kunden waren die Zustände der von dessen Kunden zurückgebrachten Europaletten. Viele dieser Paletten waren stark beschädigt und konnten nicht ohne Weiteres wiederverwendet werden. Eine genauere Analyse ergab, dass die Mitarbeiter viel Zeit in die Reparatur der Europaletten investierten, weshalb man erwog, diesen Prozess extern zu vergeben.

Nach einer gründlichen Abwägung und dem Vergleich mehrerer Anbieter entschied man sich dafür, diesen Prozess auszulagern. Die dadurch entstandenen Mehrkosten wurden durch die freigewordenen Kapazitäten der Mitarbeiter ausgeglichen.

MATERIALQUALITÄT (AUSFÜHRUNG VS. KONZEPTION)

Ein positiver Effekt eines effektiven Prozessmanagements ist die Steigerung der Qualität von Produkten und Dienstleistungen. Um Prozesskosten zu senken, kann es jedoch notwendig sein, die Qualität der verwendeten Materialien zu reduzieren. Was zunächst widersprüchlich und nicht empfehlenswert erscheinen mag, wird logisch, wenn wir die Art der Qualität betrachten, die reduziert werden soll. Hierbei unterscheidet man zwei Arten von Qualität:

- ▶ **KONZEPTIONSQUALITÄT:** Bezieht sich auf Merkmale, Design und Funktionen der Materialien
- ▶ **AUSFÜHRUNGSQUALITÄT:** Betrifft die Umsetzung des Designs und die Herstellung mit hochwertigen Rohstoffen

EIN BEISPIEL ZUR VERDEUTLICHUNG

Ein Mixer aus Edelstahl mit einem bruchsicheren Mixbehälter ist extrem langlebig und besitzt daher eine hohe Ausführungsqualität – das, was allgemein als ›hochwertig‹ bezeichnet wird. Der Mixer hat jedoch eine sehr niedrige Konzeptionsqualität, da er nur eine einzige Mix-Stufe bietet.

Eine Multifunktionsküchenmaschine, die backen, schneiden, braten, kochen und dünsten kann und auch sehr schick aussieht, hat eine sehr hohe Konzeptionsqualität. Da sie jedoch aus billigem Kunststoff hergestellt ist und recht schnell kaputtgeht, ist die Ausführungsqualität niedrig.

Mit dieser Optimierungsmethode hinterfragen wir die benötigte Konzeptionsqualität der im Prozess eingesetzten Materialien. Anders gefragt: Brauchen wir zum Pizzaausliefern einen Sportwagen für 120.000 Euro, oder reicht auch der gebrauchte, aber zuverlässige Kleinwagen?

Während eine hohe Ausführungsqualität Pflicht ist, können bei der Konzeptionsqualität häufiger Abstriche gemacht werden, ohne dass die Gesamtqualität des Endproduktes oder der Dienstleistung darunter leidet.

Was hat das jetzt mit Prozessen zu tun? Es kann vorkommen, dass in Prozessen Materialien verwendet werden, die keinen oder nur sehr geringen Einfluss auf den Output haben, aber dennoch einen hohen Kostenfaktor darstellen und somit den Prozess sehr teuer machen können. Beispiele sind hierfür zum Beispiel Füllmaterial für Verpackungen, Werkzeuge, Software oder auch Hardware.

›Muss das eingesetzte Material diese Konzeptionsqualität haben, oder kann diese auch geringer ausfallen?‹

ERFAHRUNGSBERICHT: DIE AUSWAHL DER INVENTURSCANNER

Während ich für einen Kunden auf der Suche nach Kosteneinsparpotenzialen war, kam ich zufällig mit dem Lager-Abteilungsleiter ins Gespräch, für den die Jahresinventur vor der Tür stand. Dafür wurden jedes Jahr dutzende Handscanner gemietet. Als jemand, der noch nie eine Inventur physikalisch mitgemacht hat, kamen mir die von ihm standardmäßig bestellten Handscanner unheimlich kompliziert vor. Auf meine Frage, wofür denn die ganzen Knöpfe seien, kam ein eher ernüchterndes: ›Keine Ahnung. Wir nutzen nur dies und das, mehr nicht. Seine Mitarbeiter bestätigten, dass die gemieteten Handscanner wesentlich mehr Funktionen hatten als eigentlich benötigt. Daraufhin mieteten wir probeweise ein paar Geräte mit wesentlich geringerem Funktionsumfang, die deutlich günstiger waren. Der Test zeigte, dass diese Geräte für die Inventuraufgaben ebenso geeignet waren. In jenem Jahr wurden die Geräte mit geringerem Funktionsumfang gemietet, die den Prozess nicht schneller oder besser machten, aber dafür deutlich kostengünstiger.

KANALISIERUNG

Kanalisierung im Prozessmanagement bedeutet, Aufgaben oder Aktivitäten gezielt einer bestimmten Person, Abteilung oder sogar Software zuzuweisen. In vielen Unternehmen gibt es eine Vielzahl von Softwareanwendungen, die jeweils für spezifische Vorgänge genutzt werden. Oft verfügen diese Anwendungen jedoch über ein breites Spektrum an

Funktionen, die über die Kernfunktion hinausgehen. Durch Kanalisierung wird geprüft, ob Prozesse durch eine bereits vorhandene Software im Unternehmen abgedeckt werden können, wodurch der Einsatz ursprünglich genutzter Software möglicherweise überflüssig wird.

Ähnliches gilt für die Zuweisung von Aufgaben an Mitarbeiter. Indem man spezifische Aufgabengebiete bei einem Experten bündelt, können andere Mitarbeiter Kapazitäten für unterschiedliche Aufgaben freimachen. In der Gastronomie ist dieser Ansatz in der ›Brigade de Cuisine‹ wiederzufinden, einem Organisationssystem, das von dem berühmten Chefkoch Auguste Escoffier entwickelt wurde. Dabei werden Köche als ›Chef de Partie‹ für spezielle Bereiche wie Fisch, Soßen oder Grill zuständig gemacht.

FRAGE DES OPTIMIERUNGSANSATZES FÜR KANALISIERUNG:

›Kann dieser Vorgang einer bestimmten Softwareanwendung oder Person zugeordnet werden, um die Effizienz zu steigern?‹

ERFAHRUNGSBERICHT: EINHEITLICHE PROJEKTMANAGEMENT-SOFTWARE

In einem Projekt bei einem Kunden fiel auf, dass verschiedene Abteilungen ihre Projekte mit unterschiedlichen Softwareanwendungen managten. Dies führte zu einem mangelnden Gesamtüberblick und zusätzlichen Kosten für mehrere ähnliche Softwarelösungen. Nach einer Analyse der Anforderungen der Abteilungen wurde die am besten geeignete Softwarelösung ausgewählt. Alle Daten aus den anderen Anwendungen wurden in die ausgewählte Lösung übertragen, was eine Kündigung der anderen Verträge ermöglichte.

KUNDENBRILLE AUFSETZEN

Um die Kundenzufriedenheit zu bewerten und zu verbessern, ist es oft am effektivsten, sich in die Lage des Kunden zu versetzen. In der Gastronomie könnte sich der Chefkoch verkleiden und selbst als Gast in seinem Restaurant speisen oder externe Testesser bzw. Gastrokritiker beauftragen, deren Meinungen allerdings bei manchem Koch auf gemischte Gefühle stoßen mögen.

Im Prozessmanagement kann dieser Ansatz durch direkten Austausch mit dem Ergebnisempfänger oder, falls möglich, dadurch realisiert werden, dass der Prozessbearbeiter selbst zeitweise die Rolle des Empfängers übernimmt. Ziel ist es herauszufinden, ob das Ergebnis des Prozesses für den Empfänger zufriedenstellend ist, und es ist hilfreich zu wissen, was mit dem Ergebnis im nächsten Schritt geschieht.

Erst wenn ich den nächsten Schritt oder die weiteren Schritte der Prozesskette kenne, kann ich beurteilen, ob ich einen zusätzlichen Mehrwert generieren kann, der den Bearbeitern der nachfolgenden Prozesse möglicherweise unbekannt ist. Wenn ich beispielsweise Grafiken per Screenshot an einen Empfänger sende, der diese in eine Präsentation einbauen muss, wo die Grafiken aufgrund niedriger Auflösung negativ auffallen, könnte ich ihm stattdessen die Originaldatei der Grafik zur Verfügung stellen.

FRAGE DES OPTIMIERUNGSANSATZES FÜR DIE KUNDENBRILLE:

›Ist der Output in seiner jetzigen Form zufriedenstellend, oder kann ich einen weiteren Mehrwert für den nachfolgenden Prozess schaffen?‹

ERFAHRUNGSBERICHT: BERICHTSERWEITERUNG

Für einen Kunden, dessen Berichtswesen ich anpassen sollte, habe ich mehrere Interviews mit den Berichtsempfängern geführt, um herauszufinden, welche Informationen tatsächlich benötigt werden. Die bis dahin versendeten Berichte hatten zwar einen hohen Informationsgehalt, aber viele der Informationen waren für die Empfänger irrelevant.

Es stellte sich heraus, dass den Empfängern viele verfügbare Informationen oder Auswertungen unbekannt waren. Nach den Interviews hatte ich einen klaren Überblick darüber, wofür die Berichte verwendet wurden – von der Steuerung der Abteilungen über Produktionsplanungen und Forecasts bis hin zu Mitarbeiterbewertungen. Daraufhin konnte ich ein zielgerichtetes und kundenorientiertes Berichtswesen erstellen, das praktisch keinen Mehraufwand bei der Erstellung verursachte, aber einen enormen Mehrwert für die Empfänger bot.

FEEDBACK-SCHLEIFEN

Feedback-Schleifen sind ein essenzieller Bestandteil des Prozessmanagements, der wie das regelmäßige Abschmecken eines Gerichts während des Kochvorgangs funktioniert. Sie ermöglichen es, kontinuierlich Rückmeldungen zu sammeln und zu integrieren, um Prozesse zu verbessern und anzupassen.

Das Konzept der Feedback-Schleifen ist darauf ausgelegt, den Verantwortlichen direkte Einblicke in die Wirksamkeit ihrer Maßnahmen zu geben. Dabei werden Informationen über die aktuellen Ergebnisse eines Prozesses gesammelt, analysiert und darauf basierend Anpassungen vorgenommen. Dies kann so einfach sein wie die tägliche Überprüfung von Kundenfeedback zu einem neuen Menüangebot in einem Restaurant oder so komplex wie die monatliche Bewertung der Produktionseffizienz in einer Fabrik.

Das Hauptziel von Feedback-Schleifen ist es, eine lernende Organisation zu schaffen, die sich schnell an veränderte Bedingungen anpassen kann. Durch regelmäßiges Einholen und Verarbeiten von Feedback wird sichergestellt, dass Prozesse nicht nur bei ihrer Einführung, sondern über ihren gesamten Lebenszyklus hinweg effektiv und effizient bleiben.

FRAGE DES OPTIMIERUNGSANSATZES FÜR DIE FEEDBACK-SCHLEIFEN:
›Gibt es etwas, das verbessert werden sollte?‹

ERFAHRUNGSBERICHT: MELDEWESEN-PROZESSINITIIERUNG
Für einen Kunden war ich beauftragt, einen wöchentlichen Prozess für ein Meldewesen zu initiieren, der zu Beginn nur sehr vage definiert war. Um dem Idealzustand näher zu kommen, holte ich nach jeder Meldung aktiv Feedback sowohl von den Empfängern des Outputs als auch von den Sendern des Inputs ein. Obwohl der Initiierungsprozess insgesamt recht schleppend verlief und durch konkretere Vorgaben und Anforderungen vermutlich schneller hätte implementiert werden können, ermöglichten uns die kontinuierlichen Feedback-Schleifen, uns schnell an einen zufriedenstellenden Zustand anzunähern. Diese schrittweise Feinjustierung half dabei, die Effektivität des Prozesses zu steigern und die Zufriedenheit aller Beteiligten zu verbessern.

5-WHY-METHODE

Eine meiner liebsten Optimierungsmethoden ist die 5-Why-Methode, auch bekannt als ›5W‹. Diese einfache, aber effektive Methode versucht die Ursache eines Problems zu identifizieren, indem man wiederholt ›Warum?‹ fragt. Normalerweise führt dies schrittweise zu einem Ursprungsproblem, das man bei einer oberflächlichen Betrachtung oft übersieht.

Nehmen wir das Beispiel negative Bewertungen eines Restaurants, um zu zeigen, wie man die Ursache für sinkende Kundenzufriedenheit ermitteln könnte:

1. Warum sind die Kunden bei uns unzufrieden?
   ▶ Weil die Steaks nicht den gewünschten Garpunkt erreichen.
2. Warum haben die Steaks nicht den idealen Garpunkt?
   ▶ Die Köche verlassen sich auf ihre eigene Einschätzung.
3. Warum verlassen sich die Köche auf ihre eigene Einschätzung?
   ▶ Es gibt keine Werkzeuge oder Hilfsmittel in der Küche.
4. Warum gibt es keine Werkzeuge oder Hilfsmittel in der Küche?
   ▶ Der Restaurantbesitzer meint, jeder Koch müsse die Garstufen für Fleisch auswendig kennen.
5. Warum glaubt der Restaurantbesitzer das?
   ▶ Er hat das mal irgendwo gehört.

Dieses Beispiel, wenn auch etwas vereinfacht, zeigt die typische Richtung, in die die Warum-Fragen führen können. In diesem Fall lässt sich die sinkende Kundenzufriedenheit auf eine überholte Annahme des Restaurantbesitzers zurückführen.

FRAGE DES OPTIMIERUNGSANSATZES FÜR DIE 5-WHY-METHODE:
›Warum …?‹

ERFAHRUNGSBERICHT: LANGWIERIGE ANGEBOTSERSTELLUNG
Im Vergleich zu einem Wettbewerber konnte ein Kunde seine spezifischen Angebote erst durchschnittlich nach 30 Tagen abgeben, während der Wettbewerber dies bereits nach 15 Tagen schaffte. Um die Gründe für diese Verzögerungen zu ermitteln, setzten wir die 5-Why-Methode ein. Es stellte sich heraus, dass die Verzögerungen durch eine mangelhafte Kommunikation zwischen Produktion und Vertrieb verursacht wurden. Der Vertrieb fragte oft nicht die erforderlichen Informationen ab, weil er nicht wusste, welche Daten die Produktion benötigte.

Durch die Anwendung der 5-Why-Methode konnten wir die Kommunikationslücken identifizieren und durch die Entwicklung eines modularen Fragenkatalogs die Angebotserstellungszeit auf das Niveau des Wettbewerbers bringen.

VERVOLLSTÄNDIGUNG & ANPASSUNG DES REZEPT-MODELLS
Bei unterschiedlichen Optimierungsstrategien darf man nie aus den Augen verlieren, dass manchmal schon kleine Anpassungen oder klare Definitionen der Grundlagen ausreichen. Wie bereits im Abschnitt zur Anwendung des RE-ZEPT-Modells erwähnt, ist es weder ein Drama noch ein

Fauxpas, wenn die Elemente von REZEPT zunächst nicht eindeutig definiert sind. Oft genügen einfache, klare Definitionen oder kleine Anpassungen, um Prozesse merklich zu verbessern. Manchmal ist weniger eben mehr und ein kleiner Dreh am richtigen Rädchen kann die Effizienz eines ganzen Unternehmens ankurbeln.

In den folgenden Abschnitten betrachten wir die Optimierungsmöglichkeiten für die Elemente des REZEPT-Modells:

TRIGGER & ENDE

Effiziente Anfänge und nahtlose Abschlüsse sind das A und O jedes Unternehmensprozesses. Gerade diese Punkte können aber voller Tücken stecken, die die Gesamtleistung beeinträchtigen.

Der erste Schritt zur Optimierung des Triggers und des Endes eines Prozesses ist die klare Festlegung von Zuständigkeiten und Erwartungen. Wenn die Anforderungen an den Prozess klar definiert sind, lässt sich die Durchführung nahtlos darauf abstimmen. Wird beispielsweise erwartet, dass ein Prozess, der einen Tag dauert, am vierten Arbeitstag abgeschlossen wird, dann sollte der Trigger nicht erst am Anfang des vierten Tages gesetzt werden. Solch eine enge Taktung führt unweigerlich zu Qualitätsschwankungen und sollte vermieden werden.

Zuständigkeiten müssen ebenso klar definiert sein. Wer muss welche Aufgaben vor, während und nach dem Prozess erledigen? Sollte die Situation von unformatierten Daten bekannt sein, die aus einer Datenbank heruntergeladen und angepasst werden müssen, ist es wichtig zu klären, ob derjenige, der die Daten herunterlädt oder der Empfänger sie formatieren sollte. Eine klare Zuweisung dieser Aufgaben kann viel Ärger und Frust ersparen.

Für eine schlanke Prozesserweiterung kann der Umfang der Aufgaben des Prozesses erhöht werden, um Schwachstellen oder Engpässe zu eliminieren. Beispielsweise könnte am Ende eines Prozesses eine Grafik stehen, die für eine Präsentation benötigt wird. Anstatt die Grafik weiterzureichen, könnte der Bearbeiter sie direkt in die Präsentation einarbeiten. Auch Informationen, die normalerweise per Mail weitergeleitet werden, könnten direkt aus Datenbanken oder anderen Quellen bezogen werden, um den Mailprozess zu umgehen, Informationen schneller verfügbar zu machen und die Qualität des Inputs direkt zu kontrollieren.

TIPP: Da es sich ›nur‹ um den auslösenden beziehungsweise abschließenden Zeitpunkt handelt, gibt es hierfür eigentliche keine bestimmten Optimierungstechniken. Mit guter und effektiver Kommunikation kann man aber dafür sorgen, dass die Prozesse einen klaren Rahmen bekommen. Häufig ist den Empfängern des Prozessergebnisses gar nicht bewusst, welcher Aufwand hinter der Erledigung des Prozesses liegt. Gerade bei Anfragen à la ›Kannst du **MAL EBEN**‹ oder ›Kannst du **MAL SCHNELL**‹ zeigt sich, dass das Wissen um den eigentlichen Prozess nicht wirklich vorhanden ist. Daher sollte man als Prozessbearbeiter das Gespräch mit dem Input-Sender und dem Output-Empfänger suchen, um eine klare Erwartungshaltung zu definieren, die allen Parteien bekannt ist.

PERSON

Ein entscheidender Faktor bei Prozessen ist die Zuordnung der idealen Personen. Wenn die Crème de la Crème der Belegschaft, sprich erfahrene Mitarbeiter oder Abteilungsleiter, mit simplen, repetitiven Aufgaben betraut sind, vergeuden sie ihre wertvolle Kapazität, die sie besser in komplexere Problemstellungen investieren könnten. Die optimale Personenzuordnung lässt sich durch zwei wesentliche Fragen klären: ›Wer hat die Fähigkeiten, diese Aufgabe effektiv zu erledigen?‹ und ›Wie hoch ist die Auslastung der Mitarbeiter?‹

Die Fähigkeiten und Kompetenzen der Personen zu erkennen und zu nutzen, bedeutet auch, das Potenzial für Wissenstransfer zu berücksichtigen. Dieser ist mehrfach von Nutzen: Er ermöglicht es, unerfahrene Mitarbeiter zu schulen und breitet das Know-how weitflächiger im Unternehmen aus. Wie in einer gut organisierten Küche, wo jeder Koch imstande sein sollte, verschiedene Gerichte zuzubereiten, gewährleistet dies, dass der Betrieb auch bei Abwesenheit einzelner Teammitglieder problemlos weiterläuft.

Mit Blick auf die Auslastung der Mitarbeiter kann es sinnvoll sein, Aufgaben neu zu verteilen und dafür auch temporäre Mehraufwendungen für Schulungen in Kauf zu nehmen. Eine ausgeglichene Aufgabenlast verhindert Stress und Qualitätsverluste, steigert die Effizienz und verbessert die Arbeitsqualität.

Durch die Neuzuordnung von Aufgaben und Themenbereichen können Unternehmen schneller auf geänderte

Prioritäten und Anforderungen reagieren. Wissen sollte so verteilt sein, dass schnelles und effizientes Handeln möglich ist. Manchmal ergibt es auch Sinn, bestimmte Prozesse gänzlich anderen Bereichen zuzuweisen, vor allem wenn das Fachwissen über die Aufgabe dort konzentriert ist. Häufig sind Aufgaben in Abteilungen angesiedelt, die traditionell nicht dafür vorgesehen waren. Abteilungs- und Bereichsleiter sollten sich daher regelmäßig treffen, um eine korrekte Zuordnung der Prozesse zu gewährleisten.

TIPP: Es kann sehr vorteilhaft sein, verwandte Aufgaben zu bündeln und bestimmten Mitarbeitern zuzuordnen. Beachtet dabei die Stärken und Qualifikationen eurer Mitarbeiter und verteilt die Aufgaben entsprechend. Ein klar definiertes Verantwortlichkeitsnetz eliminiert Grauzonen und ermöglicht es den Mitarbeitern, ihre Talente voll auszuschöpfen. Eine optimale Verteilung der Aufgaben sollte idealerweise in einem physischen Meeting erarbeitet werden, um direktes Feedback und sofortige Abstimmungen zu ermöglichen.

RHYTHMUS

Die Häufigkeit von Geschäftsprozessen wird oft nicht regelmäßig hinterfragt. Doch gerade im kaufmännischen Bereich sollte die Notwendigkeit des Prozessrhythmus in Abstimmung mit dem Output-Empfänger überprüft werden. Viele Prozesse könnten durch reine Gewohnheit in einem Rhythmus stecken, der längst nicht mehr erforderlich ist. Stellt euch vor, ihr erstellt und versendet Berichte, die der Empfänger entweder nicht mehr benötigt oder nur noch sporadisch anschaut. Hier wurde der Rhythmus möglicherweise durch eine Mischung aus alter Gewohnheit und unklarer Kommunikation fehlgeleitet, was letztlich zu vergeudeter Arbeitszeit führt.

Es ist entscheidend, den echten Bedarf der Output-Empfänger zu erkennen und nicht den ›Für den Fall der Fälle‹-Bedarf zu bedienen. Oft kann ein Prozess, der regelmäßig durchgeführt wird, weniger häufig oder sogar auf Abruf erfolgen. Das spart nicht nur unnötige Arbeit, sondern ermöglicht auch eine effizientere Nutzung der Ressourcen. Ein wöchentlicher Bericht könnte beispielsweise auf einen monatlichen Rhythmus umgestellt werden, wenn das zugehörige Meeting ohnehin nur einmal im Monat stattfindet.

Frei einteilbare Aufgaben könnten effizienter erledigt werden, wenn sie gebündelt statt in vielen kleinen Schritten bearbeitet werden. Wie ein Koch, der alle Zutaten auf einmal schneidet, sparen eure Mitarbeiter Zeit, wenn sie in einen Arbeitsfluss kommen, der minimale Unterbrechungen und maximale Konzentration ermöglicht.

Prozesse, die oft ausgeführt werden und dabei immer gleich ablaufen, sind ideale Kandidaten für eine Automatisierung. Vielleicht schlummert ja schon eine Software in eurem Unternehmen, die diese Aufgaben übernehmen könnte, deren Funktionen aber bisher unentdeckt geblieben sind. Falls nicht, sollte eine Anschaffung wohlüberlegt sein. Vergleicht die Kosten für die Software mit den Einsparungen durch entfallende Personalkosten und den neu gewonnenen Kapazitäten. Das ist wie eine Küchenmaschine, die sich das monotone Gemüseschneiden schnappt und den Köchen ermöglicht, sich den raffinierteren Gerichten zu widmen.

TIPP: Prozesse sollten nur dann aktiviert werden, wenn sie wirklich nötig sind. Viele Prozesse laufen aus purer Gewohnheit weiter, obwohl ihr Rhythmus längst überholt ist. Achtet auf den Trigger und das Ende als klare Indikatoren für den tatsächlichen Bedarf eines Prozesses. Bei Prozessen mit hohem Rhythmus sollte zudem geprüft werden, ob es sinnvoll ist, diese in größeren Intervallen zu bündeln, um den ›Flow‹-Effekt zu nutzen. Auch die zeitliche Platzierung der Aufgaben im Tagesablauf kann entscheidend sein: Verlegt möglichst aufgabenintensive Prozesse auf Tage, an denen eure Mitarbeiter weniger belastet sind.

ERLEDIGUNGEN & ZEIT

Bei der Optimierung von Prozessen spielen die Aufgaben – also das ›Was‹ und ›Wie‹ – eine entscheidende Rolle. Hier sind einige Tipps, um Aufgaben innerhalb eines Prozesses zu optimieren, damit die Durchführung schneller und/oder der Output qualitativ besser wird:

ZERLEGUNG GROSSER PROZESSE

Bei großen Prozessen kann man zusätzlich prüfen, ob eine Zerlegung in kleinere Prozesse sinnvoll ist. Einfachere Teilbereiche von Prozessen können automatisiert werden und Teilbereiche, die in anderen Prozessen durchgeführt werden, können wegfallen. Auch eine Verteilung auf mehrere Mitarbeiter ist denkbar (sofern es sich thematisch sinnvoll trennen lässt), sodass Auslastungen gesteuert und Bearbeitungszeitpunkte verteilt werden können.

EINFÜHRUNG VON STANDARDS UND TEMPLATES

Bei gleichartigen Prozessen empfiehlt sich die Einführung von einheitlichen Standards und Templates. Hierbei kann der Anwendungsbereich von der einheitlichen Benennung von Dateien über gemeinsame Templates für Monatsdaten verschiedener Tochtergesellschaften bis hin zu einem einheitlichen ERP-System reichen. Standardisierte Prozesse können die Ergebnisse auf ein konstantes Niveau heben und erfordern wesentlich geringeren Aufwand bei der Anpassung als verschiedenartige Prozesse.

VERMEIDUNG VON FREITEXTEN

Bei Prozessen, wo Daten in eine Datenbank oder Tabelle eingegeben werden, schleichen sich bei freier Eingabe häufig Tippfehler ein, die zu Inkonsistenzen oder schwer zu korrigierenden Fehlern führen können. Während eines Projekts ist beim Kunden aufgefallen, dass er fünf (!) verschiedene Bezeichnungen für seinen Vertriebsraum ›Deutschland‹ hat.[1] Dadurch hat sich die Qualität der darauf beruhenden Auswertungen enorm verschlechtert, da diese nur eine einzige Version namens ›Deutschland‹ berücksichtigt haben.

MEETINGS UND BESPRECHUNGEN MINIMIEREN

Viele Meetings haben einen viel zu großen Teilnehmerkreis und keine festgelegte Agenda, wodurch der Hauptgrund des Meetings häufiger mal in den Hintergrund rückt. Erkennbar ist das daran, dass auch noch andere Themen besprochen werden, sich die Meetings selten im festgelegten zeitlichen Rahmen bewegen und viele Teilnehmer einfach nur da sind und keinen Beitrag leisten.

---

[1]   Deutschland, D, DE, Germany und GER

Es kann helfen, Meetings auf den notwendigen Teilnehmerkreis zu reduzieren und auf 20 Minuten zu terminieren. Die kürzere Zeit kann Teilnehmer davon abhalten, vom Thema abzuschweifen oder sich zu sehr mit Details zu beschäftigen. Sollte dies dennoch vonnöten sein, können die betroffenen Teilnehmer einen weiteren Termin erstellen und diese Dinge separat besprechen. Auch kann eine Agenda helfen, den Fokus auf das eigentliche Thema zu richten.

Mithilfe dieser Methoden und Techniken konnte ich dem ein oder anderen Kunden einen guten Mehrwert liefern. Daneben gibt es sicherlich noch weitere effektive Möglichkeiten, die die Prozesse in euren Unternehmen verbessern können. Mit der Zeit wird sich in jedem Unternehmen ein eigenes ›Portfolio‹ an gängigen Optimierungsmethoden und -techniken entwickeln.

3. SCHRITT: FESTLEGUNG DER VERANTWORTLICHKEITEN & ORGANISATORISCHE EINORDNUNG

Der dritte Schritt im Prozessmanagement ist die Festlegung von Verantwortlichkeiten und die organisatorische Einordnung des Projekts. Hierbei wird entschieden, welche Mitarbeiter, Abteilungsleiter und Projektleiter die neuen Prozesse in die Tat umsetzen und vor allem in welcher Rolle. Dieser Schritt ist entscheidend, um sicherzustellen, dass jeder seine Aufgabe kennt und das Projekt reibungslos voranschreitet, ähnlich wie bei einem gut orchestrierten Küchenteam.

VERANTWORTLICHKEITEN

MITARBEITER

Die Mitarbeiter sind das Rückgrat eines jeden Unternehmens und die Experten für die Prozesse, die sie täglich leben. Wie Köche in einer Küche sind sie es, die aus den Zutaten ein gelungenes Gericht kreieren und ständig daran arbeiten, ihre Rezepte zu perfektionieren. In der Welt des Prozessmanagements sollten Mitarbeiter nicht nur als Ausführende gesehen werden, sondern vielmehr als Mitgestalter und Kritiker der Prozesse, die sie täglich beeinflussen.

Mitarbeiter sollten aktiv in die Gestaltung und Optimierung von Prozessen eingebunden werden, denn sie kennen die täglichen Herausforderungen und Potenziale am besten. Ihre Einblicke sind von unschätzbarem Wert, um realistische und effektive Veränderungen voranzutreiben.

Es ist entscheidend, dass Mitarbeiter ermutigt werden, offen und ehrlich Feedback zu geben. Dies umfasst nicht nur die Rückmeldung, ob ein Prozess funktioniert, sondern auch Vorschläge, wie dieser weiter verbessert werden kann. Ihre Vorschläge können zu effektiveren, effizienteren und benutzerfreundlicheren Prozessen führen, was letztlich das gesamte Unternehmen voranbringt. Ein System, das das Einreichen von Verbesserungsvorschlägen vereinfacht und belohnt, kann Wunder wirken, indem es eine Kultur der kontinuierlichen Verbesserung fördert.

Die Wirkmacht der Mitarbeiter im Prozessmanagement sollte weit über die reine Ausführung hinausgehen. Sie sollten als gleichberechtigte Partner betrachtet werden, deren

Meinungen und Vorschläge entscheidenden Einfluss auf die Gestaltung und Anpassung von Prozessen haben.

ABTEILUNGSLEITER

Abteilungsleiter sind die Sous-Chefs des Unternehmens: Sie orchestrieren, koordinieren und verfeinern die Prozesse in ihren Bereichen. Ihre Aufgabe ist es, sicherzustellen, dass alle Prozessverbesserungen nicht nur effektiv umgesetzt, sondern auch nachhaltig in den täglichen Arbeitsablauf integriert werden. Dafür stellen sie die notwendigen Ressourcen und Unterstützungen bereit und halten die Motivation ihrer Teams hoch.

Wie bei einem gut funktionierenden Küchenteam ist klare und effektive Kommunikation essenziell. Abteilungsleiter müssen ständig im Dialog mit ihren Teams stehen, um sicherzustellen, dass jeder die Ziele und den aktuellen Stand der Dinge kennt. Dies beinhaltet regelmäßige Updates, Feedback-Sessions und die Gelegenheit für Mitarbeiter, Bedenken und Vorschläge anzubringen.

Ein stetiger Blick auf den Fortschritt der Optimierungen ist entscheidend. Abteilungsleiter müssen nicht nur die Einhaltung der geplanten Verbesserungen überwachen, sondern auch bereit sein, Anpassungen vorzunehmen, wenn sich Herausforderungen ergeben. Dies erfordert eine flexible Denkweise und eine hohe Reaktionsgeschwindigkeit bei Veränderungen.

Ihre Rolle geht weit über das bloße Management hinaus. Sie sind Anführer, die inspirieren und motivieren. Indem sie das

›Warum‹ hinter den Veränderungen vermitteln und zeigen, wie jeder Beitrag zum größeren Bild beiträgt, können sie ein Umfeld schaffen, in dem Mitarbeiter sich wertgeschätzt fühlen und gern zur Arbeit kommen.

PROJEKTLEITER

Der Projektleiter führt die Zutaten zu einem perfekten Menü zusammen, was ihn zum Küchenchef macht. Wie in einem Top-Restaurant koordiniert er das gesamte Vorhaben, dirigiert sein Team durch die verschiedenen Phasen des Projekts und sorgt dafür, dass jeder genau weiß, was zu tun ist. Seine Rolle ist entscheidend für den Projekterfolg, denn er hält alle Fäden fest in seiner Hand.

Wie ein Küchenchef, der jeden Abschnitt seiner Küche im Blick hat, überwacht der Projektleiter alle Aspekte des Projekts. Er stellt sicher, dass die Arbeitsströme nahtlos ineinandergreifen, die Ressourcen effizient genutzt werden und alle Teammitglieder auf das gemeinsame Ziel hinarbeiten.

Alle Informationen laufen bei ihm zusammen. Der Projektleiter ist die zentrale Anlaufstelle für Fragen, Problemlösungen und Updates. Er sorgt dafür, dass die Kommunikation innerhalb des Projektteams und mit externen Stakeholdern klar, konsistent und zeitnah ist. Er ist auch dafür verantwortlich, dass jeder Stakeholder regelmäßig über den Fortschritt des Projekts informiert wird.

Er setzt Meilensteine, überwacht die Einhaltung der Zeitpläne und stellt sicher, dass alle Auslieferungen den festgelegten Qualitätsstandards entsprechen.

Nicht zuletzt ist der Projektleiter auch ein Motivator und Mentor. Er unterstützt das Team, fördert die Zusammenarbeit und hält die Moral hoch, auch wenn es einmal stressig wird.

GESCHÄFTSFÜHRUNG

Die Geschäftsführung, vergleichbar mit dem Restaurantbesitzer, spielt eine entscheidende Rolle in der Steuerung und Unterstützung von Prozessmanagement-Initiativen. Wie ein erfahrener Besitzer, der die Mission und Vision seines Restaurants definiert, gibt die Geschäftsführung die strategische Richtung und die Ziele für das Projekt vor. Ihre Aufgabe ist es, eine klare und motivierende Vision zu kommunizieren, die das gesamte Unternehmen umfasst und die Bedeutung von Prozessoptimierungen verständlich macht.

Die Geschäftsführung legt nicht nur die Ziele fest, sondern sorgt auch für eine strategische Ausrichtung, die sicherstellt, dass alle Bemühungen im Einklang mit den übergeordneten Unternehmenszielen stehen.

Sie fördert eine Kultur der Offenheit und des kontinuierlichen Lernens, die für die erfolgreiche Implementierung und Aufrechterhaltung von Prozessverbesserungen essenziell ist. Durch regelmäßige Updates und offene Diskussionsforen wird gewährleistet, dass alle Mitarbeiter sich einbezogen fühlen und verstehen, wie ihre Arbeit zur Erreichung der Unternehmensziele beiträgt.

Die Unterstützung der Geschäftsführung umfasst auch das Bereitstellen von Ressourcen – seien es finanzielle Mittel, Technologien oder Personal. Wie ein Restaurantbesitzer, der in die beste Küchenausrüstung investiert, stellt die Geschäftsführung sicher, dass die Teams alle notwendigen Tools und Ressourcen zur Verfügung haben, um ihre Aufgaben effektiv ausführen zu können.

Eine der wirksamsten Arten, wie die Geschäftsführung das Prozessmanagement unterstützen kann, ist ihr eigenes Verhalten. Indem sie die Prinzipien des Prozessmanagements selbst anwendet und vorlebt, setzt sie Maßstäbe für das ganze Unternehmen. Dies erhöht die Akzeptanz und das Engagement der Mitarbeiter, da sie sehen, dass das Thema von höchster Stelle ernst genommen wird.

EXTERNE FACHKRÄFTE (OPTIONAL)

Die Einbindung externer Fachkräfte in Prozessmanagement-Projekte kann vergleichbar mit dem Einsatz eines Gastkochs in einer Restaurantküche sein. Sie bringen andere Perspektiven und spezialisiertes Know-how mit, das intern vielleicht nicht verfügbar ist. Diese Experten können wie kulinarische Berater wirken, die neue Techniken einführen oder bestehende Abläufe verfeinern, um die Qualität und Effizienz zu steigern.

Durch ihre Erfahrung in ähnlichen Projekten können externe Berater dazu beitragen, den Implementierungsprozess zu beschleunigen. Sie kennen die Fallstricke und Herausforderungen, die typischerweise auftreten, und wissen, wie man sie effektiv angeht. Dies spart dem Unternehmen Zeit und verringert das Risiko kostspieliger Fehler.

In vielen Fällen verfügen externe Experten über spezielle Fähigkeiten oder technisches Wissen, das im Unternehmen nicht vorhanden ist. Ihre Expertise kann entscheidend sein, um komplexe Probleme zu lösen oder neue Technologien effektiv zu integrieren, vergleichbar mit einem Gastkoch, der spezielle Kochtechniken beherrscht, die das Küchenpersonal erst lernen muss.

Ein weiterer Vorteil der Einbindung externer Fachkräfte liegt in ihrer Objektivität. Sie sind nicht von interner Politik oder der Unternehmenskultur beeinflusst und können daher unparteiisch beraten und handeln. Dies ermöglicht eine ehrliche Bewertung von Prozessen und Problemen, was oft notwendig ist, um echte Verbesserungen zu erzielen.

Neben der direkten Unterstützung bei der Optimierung von Prozessen können externe Berater auch dazu beitragen, das Wissen und die Fähigkeiten der internen Teams zu erweitern. Durch gemeinsame Workshops und Schulungen können sie wertvolle Einblicke und Techniken weitergeben, die das interne Team auch nach ihrem Weggang nutzen kann.

Dieser Schritt ist essenziell, um die Grundlagen für ein erfolgreiches Prozessmanagement zu legen. Wie in einer professionellen Küche, wo jeder genau weiß, was zu tun ist, muss auch im Unternehmen jeder Beteiligte seine Rolle verstehen und optimal ausfüllen können. Nur so kann das Projekt erfolgreich realisiert und die Prozessoptimierung nachhaltig etabliert werden.

ORGANISATORISCHE EINORDNUNG

Als Bestandteil des Unternehmens muss das Prozessmanagement, genau wie andere Bereiche, organisatorisch eingeordnet werden. Je nachdem, wie das Prozessmanagement innerhalb der Unternehmensstruktur verankert ist, ändern sich Zuständigkeiten und Verantwortlichkeiten, die damit verbunden sind, sowie die Interaktionen mit anderen Funktionen und Abteilungen. Die organisatorische Einordnung des Prozessmanagements kann zentralisiert, dezentralisiert oder hybrid sein, abhängig von der Größe und Komplexität des Unternehmens und dessen Prozessstrukturen sowie von den strategischen Zielen und der Unternehmenskultur. Diese Entscheidung sollte vor dem Start der Implementierung getroffen werden, damit frühzeitig entsprechende Maßnahmen, die nötig sind, eingeleitet werden können und das Prozessmanagement nahtlos in das Tagesgeschäft übergehen kann. Beispielsweise müssten, je nach Entscheidung, Stellenausschreibungen für neue Mitarbeiter ausgeschrieben oder interne Mitarbeiter geschult werden. Auch ist es wichtig, die Informationen über die neue Funktion an diejenigen Abteilungs- und Bereichsleiter weiterzugeben, die bisher mit dem Prozessmanagement-Projekt wenig bis gar nichts zu tun hatten.

ZENTRALE EINORDNUNG

Bei der zentralen Einordnung übernimmt eine spezielle Abteilung oder ein spezielles Team die vollständige Kontrolle über das Prozessmanagement. Dies ist besonders praktisch für größere Unternehmen, die einer Vielzahl von Abteilungen vorstehen oder strenge Qualitäts- und Compliance-Anforderungen erfüllen müssen. Die Vorteile liegen auf der Hand:

EINHEITLICHKEIT: Standardisierte Vorgehensweisen und Prozesse.

EFFIZIENZ: Zentrale Steuerung zur Vermeidung von Doppelarbeit und optimaler Nutzung von Ressourcen.

KONTROLLE: Strenge Überwachung der Einhaltung von Vorschriften und Richtlinien.

DEZENTRALE EINORDNUNG

In einer dezentralen Struktur liegt die Verantwortung direkt bei den einzelnen Fachabteilungen, ähnlich einem Marktstand, wo der Standbesitzer direkt für die Qualität seiner Produkte verantwortlich ist. Dieser Ansatz bietet einige Vorteile:

FLEXIBILITÄT: Schnellere Anpassungen und Reaktionen auf Veränderungen

ENGAGEMENT: Höheres Engagement der Mitarbeiter durch direkte Verantwortlichkeit

SPEZIALISIERUNG: Bessere Kenntnis der spezifischen Anforderungen und Herausforderungen der Abteilung

KOMBINATION VON ZENTRALER UND DEZENTRALER EINORDNUNG (HYBRID)

Nicht selten wird auch eine hybride Lösung gewählt, bei der ein zentrales Team die Standards setzt und die dezentrale Umsetzung in den Abteilungen erfolgt. Diese Methode kombiniert die Vorteile beider Systeme: die unternehmensweite Standardisierung durch das zentrale Team und die flexible, abteilungsspezifische Anpassung durch die dezentralen Einheiten.

In jedem Fall ist es entscheidend, das Prozessmanagement so zu strukturieren, dass es die strategischen Ziele des Unternehmens unterstützt und gleichzeitig effizient und effektiv in die täglichen Abläufe integriert werden kann. Wie ein gut geführtes Restaurant muss auch das Prozessmanagement in der Lage sein, auf Veränderungen schnell zu reagieren und stets höchste Qualität zu liefern.

Die Entscheidung über die organisatorische Einordnung macht zu diesem Zeitpunkt insofern Sinn, als man inzwischen das Ausmaß der möglichen Optimierungen einsehen kann, was für die benötigten Ressourcen und Kapazitäten äußerst wichtig ist. Vor allem wenn man dafür neues Personal einstellen möchte, ist es zum einen wichtig zu wissen, wie viele neue Mitarbeiter benötigt werden, und zum anderen wie gut diese im Bereich Prozessmanagement ausgebildet sein müssen. Da die Personalsuche mitunter länger dauern kann, sollte man frühzeitig damit beginnen, allerdings erst dann, wenn das erforderliche Ausmaß bekannt ist, ohne Einstellungen vorzunehmen, die sich im Nachhinein als überflüssig herausstellen.

4. SCHRITT: AUSWAHL VON VERGLEICHSMETHODEN UND KENNZAHLEN

Der vorletzte Schritt vor der eigentlichen Durchführung ist die Auswahl von Vergleichsmethoden und Kennzahlen für die Prozessoptimierungen. Gerade zu Beginn des Prozessmanagements ist es wichtig, die aktuellen Fortschritte zu erfassen, zu beobachten und zu bewerten. Der allmähliche Fortschritt führt zu einer gesteigerten Begeisterung innerhalb des Unternehmens und kann durch die geeigneten Kennzahlen für alle Mitarbeiter und die Geschäftsführung sichtbar gemacht werden.

Der Vergleichsrahmen wird dabei von zwei schon bekannten Größen vordefiniert. Als Ausgangsbasis dienen die im Abschnitt ›2. Schritt: Die aktuellen Prozesse analysieren‹ ermittelten aktuellen Werte der Prozesse, die es von nun an zu verbessern gilt. Im Abschnitt ›1. Schritt: Ein gemeinsames Zielbild entwickeln‹ wurde eine messbare Zielsetzung definiert, die auf die Ausgangsbasis angewandt wird und die Ziele der Prozesse festsetzt.

Das im 1. Schritt verwendete Beispiel ›Reduzierung der Prozessdurchlaufzeiten in den kaufmännischen Bereichen um 15 Prozent innerhalb der nächsten zwölf Monate‹ gibt, als die wichtigste Kennzahl für den Vergleichsrahmen, beispielsweise die Prozessdurchlaufzeit vor. Hier wird noch einmal ersichtlich, warum eine messbare, sprich: SMARTE Zielsetzung wichtig ist, da sich sonst der Fortschritt nur schwer darstellen lassen würde.

Im Folgenden einige Beispiele für notwendige und optionale Kennzahlen und Vergleichsmethoden.

NOTWENDIGE KENNZAHLEN

OPTIMIERUNGSFORTSCHRITT

Diese Kennzahl zeigt auf, wie viel von dem geplanten Optimierungsprozess bereits umgesetzt wurde. Sie ist der Küchen-Timer des Prozessmanagements – ein einfaches, aber aussagekräftiges Instrument, das anzeigt, wie nah man dem Ende des Kochvorgangs kommt, beziehungsweise wie viel noch vor einem liegt.

$$\text{Optimierungsfortschritt} = \left(\frac{\text{Erledigte Maßnahmen}}{\text{Gesamtzahl Maßnahmen}} \right) \times 100$$

Ein Optimierungsfortschritt von beispielsweise 80 Prozent deutet darauf hin, dass die Optimierungen nahezu abgeschlossen sind. Wenn zu diesem Zeitpunkt die Prozesse nicht schon deutlich effizienter geworden sind oder auch keine signifikanten Verbesserungen in Aussicht stehen, sollte man über weitere Maßnahmen zur Verbesserung nachdenken. Sind zu diesem Zeitpunkt die angedachten Ziele bereits erreicht, können die ausstehenden 20 Prozent dafür sorgen, dass das Ziel übererreicht wird und die Maßnahmen wesentlich besser greifen als zunächst angenommen.

BEISPIELGRAFIK FÜR OPTIMIERUNGSFORTSCHRITT

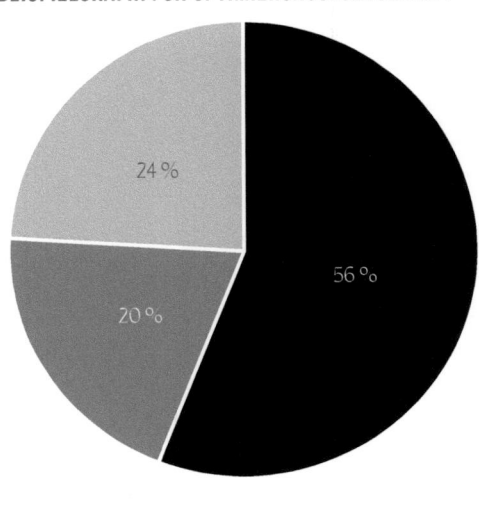

- abgeschlossen   - in Bearbeitung   - offen

PROZESSDURCHLAUFZEIT

Ähnlich der Zeit, die ein Braten im Ofen benötigt, misst die Prozessdurchlaufzeit, wie lange ein Prozess von Beginn bis Ende dauert. Eine Reduzierung der Durchlaufzeit zeigt an, dass die Prozessküche effizienter geworden ist. Für die Laufzeit können sowohl ganze Prozesse als auch Teilprozessschritte betrachtet werden.

Prozessdurchlaufzeit = Endzeit − Startzeit

Um die Optimierungen zu verdeutlichen, lohnt es sich, die verbesserte Prozessdurchlaufzeit mit der ursprünglichen Durchlaufzeit zu vergleichen. Allerdings kann es auch vorkommen, dass ein optimierter Prozess länger dauert als in seiner Ursprungsform. Das ist häufiger der Fall, wenn Prozesse um Teilschritte erweitert werden, beispielsweise um einen besseren Flow zu generieren oder eine sauberere Zuordnung zu einer Person oder einer Abteilung darzustellen. Dafür ergeben sich dann Zeitersparnisse in den Prozessen, denen die Teilschritte entnommen wurden.

BEISPIELTABELLE FÜR PROZESSDURCHLAUFZEITEN

PROZESS	AB-TEILUNG	PROZESS-DURCHLAUF-ZEIT MONAT IN MIN. (ORIGINAL)	PROZESS-DURCHLAUF-ZEIT MONAT IN MIN. (NEU)	DIFFE-RENZ	IN %
Werksdaten einlesen	CO	300	0	− 300	− 100 %
Qualitäts-prüfung Datenbank	CO	600	300	− 300	− 50 %

PROZESS	AB-TEILUNG	PROZESS-DURCHLAUF-ZEIT MONAT IN MIN. (ORIGINAL)	PROZESS-DURCHLAUF-ZEIT MONAT IN MIN. (NEU)	DIFFE-RENZ	IN %
Bearbeitung Mid-Month-Forecast	CO	120	100	– 20	– 17 %
Werks-Reporting für Geschäftsführung erstellen	CO	90	20	– 70	– 78 %
GESAMT		1.110	420	– 690	– 61 %

DURCHFÜHRUNGSPERSONALKOSTEN

Die Durchführungspersonalkosten stellen einen Teil der indirekten Kosten eines Prozesses dar, die durch die aufgebrachte Zeit des Prozessbearbeiters entstehen. Diese Kennzahl haben wir schon im Abschnitt ›3. Stufe: Prozessbewertung‹ kennengelernt. Die Formel, zur Erinnerung, lautet wie folgt:

$$\text{Durchführungspersonalkosten} = \left(\frac{\text{Stundenlohn}}{60} \right) \times \text{Prozessdauer in Min.}$$

Auch hier ist der Vergleich mit der ursprünglichen Version sinnvoll. Falls sich zwischen der initialen Prozessbewertung und der Umsetzung der Optimierungen gehaltliche Anpassungen ergeben haben, sollten diese ebenfalls in die ursprüngliche Berechnung mit einfließen, um keinen Sondereffekt aus Gehaltserhöhungen zu schaffen.

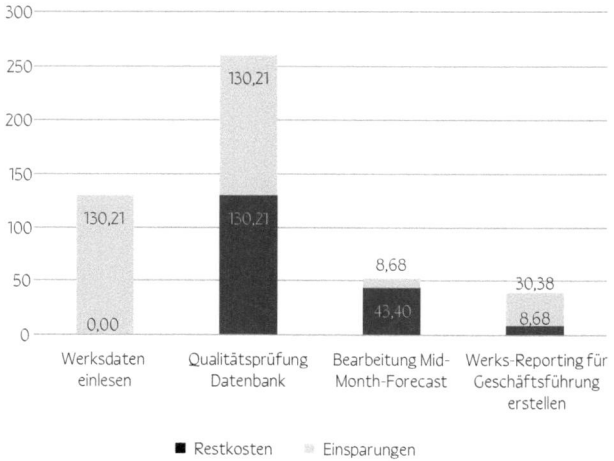

BEISPIELGRAFIK FÜR DURCHFÜHRUNGSPERSONALKOSTEN (PRO MONAT IN EUR)

Werksdaten einlesen · Qualitätsprüfung Datenbank · Bearbeitung Mid-Month-Forecast · Werks-Reporting für Geschäftsführung erstellen

■ Restkosten ▫ Einsparungen

ANZAHL PROZESSE UND PROZESSSCHRITTE

Die Zahl der Prozesse und einzelnen Schritte ist ein In-dikator dafür, ob die Küche – sprich das Unternehmen – ihre Arbeitsweise vereinfacht oder durch das Hinzufügen notwendiger Schritte verbessert hat. Wie bei einem Rezept kann das Weglassen oder Hinzufügen eines Schrittes den Gesamtgeschmack stark beeinflussen.

BEISPIELGRAFIK FÜR (TEIL-)PROZESSSCHRITTE (ABTEILUNG: CO)

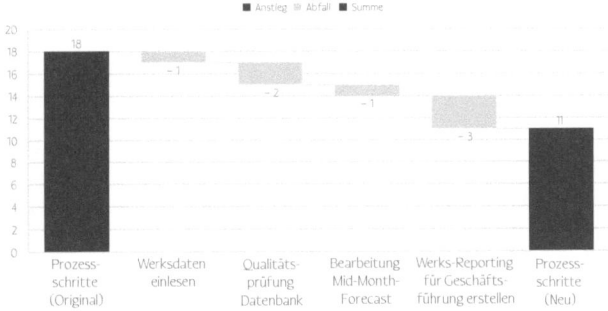

FEHLERQUOTE

Auch diese Kennzahl kennen wir bereits vom Abschnitt ›3. Stufe: Prozessbewertung‹. Auch hier noch mal eine Wiederauffrischung der bereits bekannten Formel:

$$\text{Fehlerquote} = \left(\frac{\text{Fehlerhafte Prozessdurchführungen}}{\text{Gesamtanzahl der Prozessdurchführungen}} \right) \times 100$$

Prozessverbesserungen können sich auch in Form von niedrigeren Fehlerquoten widerspiegeln und sollten ebenfalls bei den Kennzahlen nicht fehlen.

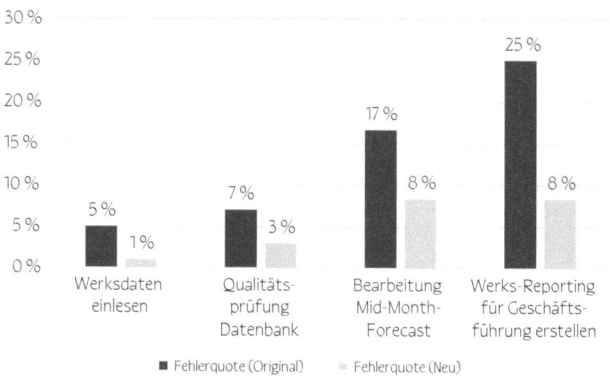

Mit diesen Kennzahlen können wir die wichtigsten Faktoren, nämlich Zeit, Kosten und Qualität abbilden und messen. Prozessverbesserungen gehen nicht immer über alle drei Faktoren, sondern können sich auch nur auf einen Faktor beschränken.

Dabei haben sich diese Kennzahlen bei meinen Projekten als absolutes MUSS herausgestellt, um die Erfolge des Prozessmanagement-Projekts klar und deutlich darzustellen. Die folgenden Kennzahlen sind optionale Beispiele, die die Effektivität weiter unterstreichen können. Es steht euch natürlich auch frei, weitere, in eurem Unternehmen gängigere Kennzahlen ebenfalls hinzuzuziehen.

OPTIONALE KENNZAHLEN

DURCHFÜHRUNGSKOSTEN

Diese umfassen nicht nur die Durchführungspersonalkosten, sondern auch direkte Kosten für Versand oder

Transport, die bei Beschaffungsprozessen anfallen können. Zudem werden sonstige indirekte Kosten berücksichtigt, die den Prozessen zurechenbar sind, wie zum Beispiel die anteiligen Kosten für genutzte Technologien.

$$\text{Durchführungskosten} = \text{Durchführungspersonalkosten} \\ + \text{direkte Kosten} \\ + \text{sonstige indirekte Kosten}$$

MITARBEITER-/KUNDENZUFRIEDENHEIT

Die Zufriedenheit von Mitarbeitern und Kunden lässt sich durch verschiedene Bewertungssysteme erfassen, beispielsweise durch ein Ampel- oder Schulnotensystem. Diese Kennzahl ist besonders wichtig, da selbst effiziente Prozesse nicht immer eine hohe Zufriedenheit garantieren.

ROI (RETURN ON INVESTMENT)

Der ROI ist ein Maß für die Rentabilität des Prozessoptimierungsprojekts und zeigt das Verhältnis des generierten Mehrwerts zu den investierten Kosten.

$$ROI = \left(\frac{\text{Einsparungen durch das Projekt}}{\text{Projektkosten}} \right) \times 100$$

Der Parameter ›Einsparungen durch das Projekt‹ beinhaltet alle Einsparungen bei den Durchführungspersonalkosten oder Durchführungskosten.

Ein ROI über 100 Prozent deutet auf ein sehr erfolgreiches Optimierungsprojekt hin, da die Einsparungen die Projektkosten übersteigen. Andersherum signalisiert ein ROI unter

100 Prozent, dass die Einsparpotenziale falsch eingeschätzt wurden und die Kosten die Einsparungen übertreffen.

Für die praktische Umsetzung ist es entscheidend, dass alle relevanten Kosten und Einsparungen akkurat erfasst und zugeordnet werden. Dies erfordert eine sorgfältige Planung und Überwachung sowohl der finanziellen Ausgaben als auch der Effizienzgewinne während und nach der Implementierung des Optimierungsprojekts.

AUSWAHL GEEIGNETER KENNZAHLEN

Die Auswahl der passenden Kennzahlen sollte auf den spezifischen Zielen und Anforderungen des Unternehmens basieren sowie die allgemeinen Rahmenbedingungen der Prozesse berücksichtigen. Drei Dinge solltet ihr aber bei der Nutzung von Kennzahlen berücksichtigen:

1. Mit einer Kennzahl ist es wie mit einem Witz: Muss man zu viel erklären, ist es nicht gut! Abstrakte Hätte-, Wäre-, Würde-Kennzahlen verwirren meist mehr, als dass sie helfen. Klare einfache Kennzahlen sind für alle nachzuvollziehen!
2. Keine Kennzahl ist in Stein gemeißelt! Sollte sich während des Projekts herausstellen, dass eine Kennzahl keinen informativen Mehrwert bringt, sollte sie gegen eine aussagekräftigere Kennzahl ausgetauscht werden.
3. Manche erheben Kennzahlen genauso, wie sie Nudeln kochen: grundsätzlich viel zu viel! Es bringt nichts, das Prozessmanagement mit unzähligen Kennzahlen zu erschlagen. Lieber wenige, aber aussagekräftige Kennzahlen nutzen, auf die man sich konzentrieren kann.

5. SCHRITT: PILOTPROJEKT(E) AUSWÄHLEN UND DURCHFÜHREN

Auch wenn ihr schnellstmöglich alle Verbesserungen der Prozesse im Unternehmen umgesetzt haben möchtet, solltet ihr die Optimierungen Schritt für Schritt durchführen und zunächst mit einem Pilotprojekt starten. Trotz sorgfältiger Planung kann es immer wieder vorkommen, dass wichtige Aspekte übersehen wurden, die das Projekt ausbremsen oder stoppen können. Daher solltet ihr zunächst mit einem kleineren, aber aussagekräftigen Pilotprojekt beginnen, um die wichtigen ersten Erfahrungen zu sammeln und nicht das ganze Unternehmen mit dem ersten Pfannenschwenk in Brand zu setzen. Dieser Ansatz minimiert Risiken und maximiert die Lerneffekte, die für zukünftige Optimierungsinitiativen entscheidend sein können.

1. AUSWAHL DES RICHTIGEN PROZESSES

Der erste und vielleicht wichtigste Schritt bei der Vorbereitung eines Pilotprojekts ist die Auswahl des richtigen Prozesses. Es sollte ein Prozess sein, der signifikante Verbesserungspotenziale bietet, aber auch nicht so kritisch ist, dass frühe Fehler schwerwiegende Konsequenzen hätten.

Idealerweise wählt man einen Prozess, der repräsentativ für weitere Prozesse im Unternehmen ist und dessen Verbesserung messbare Ergebnisse liefert. Wenn viele Abteilungen oder Bereiche vom Pilotprozess betroffen sind, wird das Gesamtprojekt auch als unternehmensweit wahrgenommen und zusätzlich steigt das Interesse an Prozessmanagement in mehreren Bereichen gleichzeitig.

Ebenfalls wichtig ist, dass der Pilotprozess ein hohes Optimierungspotenzial bietet. Sollte das erzielte Ergebnis des Pilotprojekts nur eine geringe Verbesserung der Effektivität oder minimal verbesserte Durchlaufzeit sein, könnte das Prozessmanagement von den Mitarbeitern als nicht weiter beachtenswert erachtet werden.

Auch wenn der Pilotprozess eine spürbare Verbesserung aufweisen sollte, muss das Pilotprojekt in einem angemessenen Zeitrahmen erfolgen können. Die Länge des Pilotprojekts hat einen entscheidenden Einfluss auf die wahrgenommene Wirksamkeit des Prozessmanagements bei der Belegschaft.

Als ideale Pilotprojekte eignen sich beispielsweise folgende Prozesse:

MITARBEITER-ONBOARDING

Das Onboarding neuen Personals ist ein wesentlicher Prozess, der die Integration und Produktivität neuer Teammitglieder beeinflusst. Die Optimierung dieses Prozesses durch automatisierte Arbeitsabläufe, verbesserte Schulungsprogramme und Feedback-Schleifen kann die Einarbeitungszeit verkürzen und die Mitarbeiterzufriedenheit verbessern.

RECHNUNGSSTELLUNG

Dieser Prozess ist in jedem Unternehmen vorhanden und oft anfällig für Verzögerungen und Fehler. Die Optimierung der Rechnungsstellung und Zahlungsabwicklung kann zu schnelleren Zahlungseingängen, verbessertem Cashflow und reduzierten Bearbeitungszeiten führen. Zudem lassen sich hierbei Technologien zur Automatisierung gut implementieren, was die Fehlerquote senken und die Effizienz steigern kann.

DOKUMENTENMANAGEMENT

Ein einheitliches System für das Dokumentenmanagement, das den Zugang und die Ablage von Dokumenten für alle Abteilungen regelt, kann die Effizienz und Datensicherheit erheblich verbessern. Durch die Implementierung von Enterprise-Content-Management-Systemen (ECM) oder Dokumentenmanagementsystemen (DMS) können alle Abteilungen Dokumente schneller finden, Zugriffsrechte klar regeln und Compliance-Vorgaben einfacher einhalten.

2. PLANUNG

Genauso wie das gesamte Vorhaben zur Implementierung des Prozessmanagements müssen auch die einzelnen Teilprojekte wie das Pilotprojekt sorgfältig geplant werden. Auch werden hier die ersten Erfahrungen gesammelt, die für zukünftige Teilprojekte extrem wertvoll sind. Denkt daran, dass jedes Detail zählt, wie bei der Zubereitung eines Sterne-Menüs. Ein gut geplanter Prozess verringert die Wahrscheinlichkeit, dass es zu einem Küchenchaos kommt, und stellt sicher, dass das Endgericht – unser Projektziel – alle begeistert.

Am Beispiel der Verbesserung des Rechnungsstellungsprozesses aus dem vorherigen Schritt könnte eine Planung wie folgt aussehen:

GESAMTZIEL DES PROZESSMANAGEMENT-PROJEKTS

Reduzierung der Prozessdurchlaufzeiten in den kaufmännischen Bereichen um 15 Prozent innerhalb der nächsten zwölf Monate.

ZIEL DES PILOTPROJEKTS

Reduzierung der Prozessdurchlaufzeit des Rechnungsstellungsprozesses um mindestens 15 Prozent und Senkung der Fehlerquote um 50 Prozent innerhalb der nächsten drei Monate.

Das Pilotprojekt übernimmt das Ziel aus der übergeordneten Zielsetzung und fügt ein prozessindividuelles Ziel hinzu. Der Zeitrahmen sollte selbstverständlich wesentlich geringer als das Gesamtziel sein.

PROJEKTTEILNEHMER:

- **PROJEKTLEITER**
- **MITARBEITER AUS DEM FINANZBEREICH** (wichtig sind operative Berührungspunkte und tiefer gehendes Wissen über den Prozess)
- **IT-MITARBEITER** (für eventuelle Anpassungen an der genutzten Software)

DOKUMENTATION ÜBER IST-ZUSTAND

Es ist wichtig, dass ein einheitliches Verständnis über die aktuelle Situation des Prozesses herrscht und diese niedergeschrieben ist. Diese kann aus dem REZEPT-Modell abgeleitet werden und um weitere Informationen ergänzt werden. Der IT-Mitarbeiter und der Projektleiter (sofern selbst kein Experte aus dem Fachbereich) können durch Verständnisfragen einen unbefangenen Blickwinkel auf die Herausforderungen haben, welcher für die Lösungserarbeitung wichtig sein kann.

Es ist außerdem entscheidend, quantitative Kennzahlen zur Dokumentation des Ist-Zustandes zu haben, die als Ausgangsbasis fungieren und künftig als Vergleichswerte zu den festgelegten Zielen dienen.

Für diesen Schritt können ca. ein bis zwei Wochen eingeplant werden.

OPTIMIERUNGSMASSNAHMEN FESTLEGEN

In Schritt 3 der Prozessmanagementimplementierung wurden verschiedene Methoden und Techniken zur Prozessoptimierung vorgestellt. Der nächste Schritt ist die Anwendung dieser Methoden und Techniken. Für die Optimierung des Rechnungsstellungsprozesses könnten beispielsweise folgende Methoden sinnvoll sein:

REZEPT-VERVOLLSTÄNDIGUNG: Sind einige Angaben aus dem REZEPT-Modell unvollständig oder unklar? Lässt sich der Prozess durch die Vervollständigung der Angaben optimieren?

AUTOMATISIERUNG: Bietet die für den Prozess genutzte Software schon Lösungen für die Probleme? Können die Schritte, die durch die Mitarbeiter erfolgen, auch automatisiert von der Software übernommen werden?

REKAPITULATION: Was lief bei den letzten Durchläufen schief? An welcher Stelle trat das Problem auf? Welche Teilschritte brauchen besonders lang oder sind besonders fehler-anfällig?

KANALISIERUNG: Gibt es die Möglichkeit, den Prozess von einer anderen im Unternehmen vorhandenen Software ausführen zu lassen, sodass man Synergieeffekte nutzen kann? Würde es zu einer Verbesserung führen, wenn die Aufgaben von einer bestimmten Person ausgeführt werden?

Es ist nicht unüblich, dass durch die Verwendung mehrerer Methoden das potenzielle Ergebnis verbessert oder deut-licher wird. Daher sollte man, gerade wenn noch nicht so viel Erfahrung mit Prozessoptimierung vorhanden ist, meh-rere Methoden, wenn nicht sogar alle hier vorgestellten, an-wenden.

Für das Identifizieren der Optimierungsmaßnahmen kann eine Woche veranschlagt werden.

UMSETZUNG DER MASSNAHMEN

Jetzt geht's ans Eingemachte! Basierend auf den ent-deckten Problemstellen und den vorgeschlagenen Lösungs-maßnahmen aus den vorherigen Schritten wird jetzt kräf-tig in den Prozessküchen gerührt. Die Details zu diesen kulinarischen Experimenten werden wir uns im nächsten Schritt genauer anschauen.

Für die Umsetzung planen wir großzügig vier Wochen ein. Insgesamt sollte für die Umsetzung der größte Teil der Projektdauer einkalkuliert werden.

TESTLAUF, AUSWERTUNG UND ANPASSUNGEN

Wenn die Maßnahmen umgesetzt wurden, müssen sie danach auch getestet werden (abschmecken!). Hierbei ist sicherzustellen, dass die positiven oder negativen Ergebnisse nicht durch andere äußere Umstände verfälscht wurden. Genau wie bei der Dokumentation über den ursprünglichen Ist-Zustand muss jetzt eine Dokumentation über den neuen Ist-Zustand vorgenommen werden.

▸ Sind die Ergebnisse besser oder schlechter geworden?
▸ Wenn besser, haben wir das gesetzte Ziel schon erreicht?
▸ Können wir das Ziel sogar übertreffen, da wir noch weitere Optimierungsmaßnahmen durchführen?
▸ Ist unser Ergebnis eventuell sogar schlechter geworden?
▸ An welchen Stellen wurde es schlechter?
▸ Wie können wir die Maßnahmen anpassen, damit wir zu besseren Ergebnissen kommen?

Für diesen Schritt plant man zwei bis vier Wochen ein. Der längere Zeitraum ist für den Fall, dass man noch größere Anpassungen vornehmen muss, um das Ziel zu erreichen.

ROLLOUT UND ABSCHLUSSBERICHT

Wenn der optimierte Prozess in mehrere Gesellschaften oder Bereiche ausgerollt werden muss, kann das bei größeren Themen ein eigenständiges Projekt sein oder lediglich eine Übergabe an alle betroffenen Mitarbeiter via Schulungen. Daneben muss noch ein Abschlussbericht verfasst werden, bei dem die Herausforderungen, die geleistete Arbeit und die Ergebnisse zusammengefasst werden. Auf Basis dieses Dokuments können weitere Projekte geplant werden.

Für beides zusammen sollte in diesem Kontext ebenfalls mit zwei Wochen geplant werden.

Insgesamt kommen wir bei der Planung auf 12 bis 13 Wochen, was den Rahmen der 3 Monate gut trifft und verdeutlicht, dass wir nicht nur gute Köche, sondern auch exzellente Zeitmanager sind. Dieses Beispiel zeigt einen strukturierten Plan, wie er für die Optimierung eines Prozesses zur Rechnungsstellung aussehen könnte.

3. UMSETZUNG UND ÜBERWACHUNG

Mit einem soliden Plan und klaren Zielen beginnt die eigentliche Umsetzung des Pilotprojekts (das wurde auch langsam mal Zeit!). Während dieser Phase ist es entscheidend, den Fortschritt kontinuierlich zu überwachen und regelmäßig mit den ursprünglichen Zielen abzugleichen. Das beginnt mit der Zusammenstellung des Teams bis hin zum Abschlussbericht. Bei dem Pilotprojekt geht es in erster Linie nicht um Geschwindigkeit, sondern darum, die Dinge richtig zu machen und das Gesamtprojekt ins Rollen zu bringen. Geschwindigkeit kommt mit den nächsten Teilprojekten von allein.

Während der Umsetzung sind Feedback-Schleifen (nach jedem Teilschritt), regelmäßige Kommunikation (Täglich 15 min. oder spätestens alle 2 Tage) und gute Dokumentation von unschätzbarem Wert. Sie helfen, dass die ersten Erfahrungen so weit ausreichend sind, dass auf ihrer Basis die nächsten Projekte eingeleitet werden können. Dabei sollte die Überwachung des Pilotprojekts nicht als permanente Kontrolle verstanden werden, sondern als Absicherung, bei Fehlern und Ungenauigkeiten schnell reagieren zu können.

Folgende Maßnahmen können aus den Optimierungsmethoden und -techniken für den Rechnungsstellungsprozess beispielsweise hervorgegangen sein:

REZEPT-VERVOLLSTÄNDIGUNG: Der Trigger war nur für einen bestimmten Sachverhalt vorhanden, der lediglich 50 Prozent der Möglichkeiten abdeckt. Es wird eine vollständige Aufnahme der möglichen Sachverhalte, die den Prozess starten, vorgenommen.

AUTOMATISIERUNG: Die genutzte Software bietet seit dem letzten Update die Möglichkeit, bestimmte Dateneingaben automatisch vorzunehmen. Es wird geprüft und getestet, ob diese automatischen Eingaben fehlerfrei und zielgerichtet sind.

REKAPITULATION: Wie sich herausgestellt hat, kommt es häufiger vor, dass für Kunden mehrere Rechnungen pro Tag erstellt werden müssen. Mitarbeiter versuchen dann, die vorherigen Rechnungen im System zu stornieren, um eine zusammengefasste Rechnung zu erstellen. Dies führt allerdings zu Fehlern und zum Teil werden die Rechnungen auch nicht vollständig storniert, was die Situation unüber-sichtlich macht. Zukünftig sollen pro Tag nur noch zwei Rechnungsläufe stattfinden, in denen der aktuelle Stand abgearbeitet wird.

KANALISIERUNG: Es gibt keine Software im Unternehmen, die die Aufgaben übernehmen könnte. Eine Kanalisierung auf einen oder wenige bestimmte Mitarbeiter würde keinen Mehrwert bringen. Aus der Kanalisierung sind keine Lösungen hervorgegangen.

4. BEWERTUNG UND SKALIERUNG

Nach Abschluss des Pilotprojekts sind eine gründliche Bewertung und ein aussagekräftiger Abschlussbericht unerlässlich. Die Bewertung sollte beurteilen, inwieweit die gesetzten Ziele erreicht wurden und welche Lehren aus dem Projekt gezogen werden können. Dabei sind folgende Fragestellungen unbedingt zu klären:

- ▸ Haben wir die gesetzten Ziele erreicht? Übertroffen? Verfehlt?
- ▸ War der geplante zeitliche Rahmen ausreichend? Zu kurz? Zu lang?
- ▸ Welche Herausforderungen hatten die Projektmit-glieder? Konnten sie gelöst werden? Wenn ja, wie? Wenn nein, wieso nicht?
- ▸ Wie war die Planung insgesamt? Gab es unvorher-gesehene Ereignisse?
- ▸ Was lief gut/schlecht?

Weitere Fragen können ein noch besseres Bild zu dem Pilot-projekt geben, aber die oben genannten sollten in jedem Falle geklärt werden.

Falls das Projekt erfolgreich war (wovon wir ausgehen), werden diese Erfahrungen genutzt, um die nächsten Projekte zu planen.

HERZLICHEN GLÜCKWUNSCH

Oder wie sagt man, wenn man das Steak
einmal komplett durchgebraten hat?

WELL DONE!

Das erste Pilotprojekt ist erfolgreich verlaufen. Ab jetzt gilt es, weitere Prozesse zu optimieren und das Unternehmen Schritt für Schritt durch Prozessmanagement zu verbessern. Auch sollte der neu geschaffene Prozess dokumentarisch festgehalten werden. Ob es in der Form des RE-ZEPT-Modells ausreicht oder eine BPM-Software genutzt werden soll, um den Prozess auch grafisch darzustellen, ist dabei erst einmal unerheblich.

Wenn das Projekt die Erwartungen nicht erfüllt hat, analysiert die Gründe und nutzt diese Erkenntnisse, um das nächste Projekt zu verbessern. Aus verschiedenen Gründen kann es vorkommen, dass das Pilotprojekt nicht den erwünschten Erfolg gebracht hat. Bevor das Prozessmanagement-Projekt aber vollständig gestoppt wird, sollte definitiv mindestens ein weiteres Pilotprojekt gestartet werden. Die Chance, dass zwei oder mehrere Projekte keine deutliche Verbesserung mit sich bringen, sind äußerst gering.

ANMERKUNG

Aufmerksame Leserinnen und Leser mögen bemerkt haben, dass das Pilotprojekt in dem erwähnten Beispiel 25 Prozent der Gesamtprojektlaufzeit ausmacht. Daraus könnte man schließen, dass das Gesamtprojekt entweder zu kurz angesetzt oder das Pilotprojekt zu lang geplant wurde. Doch das ist nicht der Fall! Ein Pilotprojekt ist immer besonders kritisch und sollte daher lieber mit Bedacht und Genauigkeit statt überstürzt und ungenau durchgeführt werden. Erfahrungsgemäß werden alle folgenden Projekte schneller ablaufen. Zudem ist es möglich, dass Projekte nach einer gewissen Einarbeitungsphase parallel durchgeführt werden. Bedenkt bitte auch, dass für dieses Beispiel bewusst ein umfangreicher Prozess mit entsprechend großer Auswirkung gewählt wurde.

Mit der erfolgreichen Implementierung des Prozessmanagements im Unternehmen beginnt nun eine kritische Phase: seine dauerhafte Etablierung. Es genügt nicht, lediglich die bestehenden Prozesse sequenziell zu überarbeiten und durch Optimierungsprojekte zu verbessern. Die Bedingungen, die für das Pilotprojekt galten, sind nicht automatisch auf alle nachfolgenden Projekte übertragbar. Daher ist es entscheidend, die wesentlichen Faktoren zu identifizieren, die das Prozessmanagement zu einem dauerhaften und erfolgreichen Bestandteil des Unternehmens machen.

KONTINUIERLICHE WEITERFÜHRUNG

Das A und O eines erfolgreichen Prozessmanagements ist seine kontinuierliche Fortführung. Nach Abschluss eines Pilotprojekts sollte ohne großes Zögern mit der Planung der nächsten Projekte begonnen werden. Eine zu lange Pause zwischen den Projekten kann den Schwung bremsen, und bevor man es merkt, parkt das Prozessmanagement auf dem Abstellgleis.

Während die aktuellen Projekte noch in der abschließenden Test- und Anpassungsphase stecken, sollten bereits die Weichen für zukünftige Vorhaben gestellt werden. Hierbei gilt es jedoch, den richtigen Zeitpunkt zu finden: Zu früh gestartete Folgeprojekte können Ressourcenengpässe verursachen, das Tagesgeschäft überrollen und die Projektqualität beeinträchtigen.

Es ist außerdem klug, die Erkenntnisse aus den Abschlussberichten der vorangegangenen Projekte zu nutzen. Das Rad muss nicht neu erfunden werden, und alte Fehler sollten nicht zum zweiten Mal gemacht werden. Dies unterstützt eine kontinuierliche Verbesserung und vermeidet Déjà-vus der unangenehmen Art.

Das kontinuierliche Prozessmanagement ist eine Gemeinschaftsaufgabe, an der sich alle Mitarbeiter und insbesondere die Führungskräfte, die bereits in die Implementierung involviert waren, beteiligen sollten.

TIPP: Legt einen groben Plan fest, welche Prozesse wann optimiert werden sollen, und tragt diesen in einen Planungskalender ein. Für alle Beteiligten setzt man am besten einen kurzen, regelmäßigen Termin – sagen wir 10 Minuten – zur Erinnerung. Das ist auch gleichzeitig ein schönes Beispiel für Meeting-Prozessoptimierung: kurz und bündig!

SICHTBARE UNTERSTÜTZUNG

Die offene und sichtbare Unterstützung des Prozessmanagements durch die Führungsebene ist ein Turbo für dessen Erfolg und Akzeptanz im gesamten Unternehmen. Führungskräfte sind nicht nur die Vorreiter in der Vermittlung des Wertes und der Notwendigkeit des Prozessmanagements, sondern auch lebendige Beispiele dafür, dass dies kein Strohfeuer, sondern ein dauerhafter Bestandteil der Unternehmensstrategie ist.

Ein effektiver Weg, diese Unterstützung zu gewährleisten, ist das persönliche Engagement der Führungskräfte in Prozessmanagement-Projekten. Ob sie nun bei Meetings und Workshops mitmischen oder Patenschaften für bestimmte Initiativen übernehmen – ihre aktive Teilnahme macht den Unterschied. Regelmäßige Updates über Fortschritte und Erfolge in internen Kommunikationskanälen sind ebenfalls ein Muss.

Das Vorleben prozessorientierten Denkens durch das Management selbst ist ein unschätzbar wertvolles Signal an alle Ebenen des Unternehmens. Wenn die Chefs selbst die Prinzipien des Prozessmanagements anwenden und sichtlich von deren Vorteilen überzeugt sind, entfacht dies eine Begeisterungswelle unter den Mitarbeitern. Diese sehen dann eher den Nutzen und die Relevanz der neuen Verfahren und Systeme ein.

TIPP: Macht aus Führungskräften echte Fans und Verbündete des Prozessmanagements! Sobald sie die enormen Vorteile für ihre Bereiche erkennen, wird es zum Kinderspiel, sie davon zu überzeugen, die Prinzipien des Prozessmanagements nicht nur zu unterstützen, sondern sie auch mit Enthusiasmus vorzuleben.

REGELMÄSSIGE UPDATES

Das alte Sprichwort ›Tu Gutes und rede darüber!‹ hat im Kontext des Prozessmanagements eine ganz besondere Bedeutung. Regelmäßige Updates innerhalb eines Unternehmens sind essenziell, um alle Beteiligten auf dem Laufenden über den Fortschritt und die Ergebnisse von Prozessmanagement-Initiativen zu halten. Diese können über verschiedene Kanäle kommuniziert werden: Ob E-Mail-Newsletter, interne Webseiten, regelmäßige Präsentationen oder Meetings – der Kreativität sind keine Grenzen gesetzt. Auch Dashboards, die ständig aktuelle Daten anzeigen, haben sich als effektives Mittel erwiesen.

Regelmäßig kommunizierte Updates steigern nicht nur die Transparenz, sondern fördern auch kontinuierliches Feedback, das für die stetige Verbesserung der Prozesse unverzichtbar ist. Indem man Fortschritte und Erfolge teilt, wird das Team zusätzlich motiviert, da auf diese Weise sichtbar wird, dass seine Anstrengungen Früchte tragen und es aktiv zur Verbesserung des Unternehmens beiträgt.

Es ist ebenso wichtig, dass diese Updates nicht nur die Sonnenseiten der Projekte beleuchten, sondern auch Herausforderungen und Lerneffekte klar aufzeigen. Eine offene Kommunikation über Schwierigkeiten schafft eine vertrauensvolle Atmosphäre und kann unerwartete Lösungswege eröffnen.

TIPP: Vermeidet es, dass Updates zur Routine verkommen und niemand sie mehr liest. Brecht aus dem Muster der standardisierten E-Mail-Berichte aus und nutzt kreatives Storytelling. Zum Beispiel könnten betroffene Mitarbeiter in kurzen Videos über ihre Projekte und deren Erfolge berichten. Das bringt nicht nur Farbe in die Berichterstattung, sondern macht die Erfolge greifbarer und authentischer als jeder noch so ausführliche Textbericht.

EINBINDUNG DER MITARBEITER

Mitarbeiter sind nicht nur das Rückgrat des Unternehmens, sondern oft auch ein unerschöpflicher Quell für Optimierungsideen, denn niemand kennt die täglichen Prozesse besser als sie. Um diesen Schatz an Einsichten zu heben, ist es entscheidend, dass Unternehmen effektive Mechanismen schaffen, die es dem Personal erleichtern, seine Kenntnisse und Ideen einzubringen.

Ob durch Workshops, Brainstorming-Sessions, regelmäßige Meetings oder sogar einen simplen ›Verbesserungsvorschläge‹-Briefkasten – die Möglichkeiten sind vielfältig. Solche Plattformen ermutigen Mitarbeiter, offen über Herausforderungen zu sprechen und gemeinsam Lösungen zu entwickeln. Dies fördert nicht nur die Prozessqualität und -effektivität, sondern steigert auch deutlich die Mitarbeiterzufriedenheit und -bindung.

TIPP: Für frische Perspektiven kann es hilfreich sein, das Problem ganz unkonventionell anzugehen. Warum nicht mal einen Aushang neben der Speisekarte in der Kantine machen, der ein aktuelles Problem darstellt? Während der Mittagspause könnten Mitarbeiter beim Essen über mögliche Lösungen nachdenken. Auch wenn dabei vielleicht nicht sofort die ultimative Lösung gefunden wird, kann schon der richtige Denkanstoß wertvoll sein, um das Problem in naher Zukunft zu lösen. Manchmal ist es eben die entspannte Atmosphäre, die den kreativen Funken überspringen lässt.

ANREIZSYSTEME

Anreizsysteme sind das Salz in der Suppe des Prozessmanagements. Sie motivieren die Mitarbeiter nicht nur zur Teilnahme, sondern spornen sie auch zu Engagement und Innovation an, was essenziell für die kontinuierliche Verbesserung der Prozesse ist. Ein gut ausgeklügeltes Anreizsystem belohnt dabei nicht nur die endgültigen Ergebnisse, sondern auch die aktive Beteiligung am Prozess und die Initiative, neue Ideen einzubringen und umzusetzen.

Ein vielseitiges Anreizsystem sollte ein Buffet aus Belohnungen bieten, die sowohl den Gaumen als auch das Herz ansprechen. Materielle Anreize können von Boni über Gehaltserhöhungen (ja, liebe Führungskräfte, das liest sich auch beim zweiten Mal noch richtig) bis hin zu Prämien reichen, die direkt an spezifische Leistungsziele oder erfolgreich abgeschlossene Projekte geknüpft sind. Immaterielle Anreize hingegen bieten Anerkennung durch Auszeichnungen, Möglichkeiten zur Karriereentwicklung und Weiterbildungsangebote.

Transparenz und Fairness sind die Zutaten, die Anreizsysteme verträglich machen. Mitarbeiter müssen verstehen können, wie die Belohnungen vergeben werden, und das Gefühl haben, dass jeder im Unternehmen dieselben Chancen hat, diese zu erlangen. Dies fördert nicht nur ein gesundes Maß an Wettbewerb, sondern vermeidet auch Demotivation und Frustration.

Indem Anreizsysteme Mitarbeiter direkt für ihre Beiträge zum Prozessmanagement belohnen, wird eine Kultur der

Anerkennung und des Engagements geschaffen, die essenziell für den langfristigen Erfolg ist.

TIPP: Bei einem Kunden war das Vorschlagswesen zunächst nur mäßig erfolgreich, bis die Geschäftsführung beschloss, die Mitarbeiter direkt an den erzielten Einsparungen oder den zusätzlichen Gewinnen zu beteiligen. Als ein Mitarbeiter für seinen erfolgreich umgesetzten Vorschlag 20.000 Euro erhielt, löste dies einen wahren Boom an Verbesserungsvorschlägen aus. Diese vergleichsweise hohe Summe wurde mit der Begründung vergeben, dass durch den Vorschlag des Mitarbeiters jährlich ein sechsstelliger Betrag eingespart werden konnte.

MODERNE TOOLS

In der Welt des Prozessmanagements sind moderne Tools und Technologien vergleichbar mit einem guten Küchenmesser: vielseitig und fast magisch. Sie ermöglichen nicht nur die Automatisierung von Prozessen, sondern auch die Echtzeiterfassung und -analyse von Daten, was die Entscheidungsfindung erheblich verbessert. Diese Tools reichen von einfacher Prozessmodellierungssoftware bis hin zu fortschrittlichen Systemen, die künstliche Intelligenz nutzen, um Prozesse nahezu selbstständig zu verbessern.

Ein Beispiel ist die Business Process Management Software (BPM). BPM-Tools sind speziell dafür entwickelt worden, Geschäftsprozesse zu gestalten, zu verwalten und zu analysieren. Sie bieten Funktionen zur Visualisierung, Simulation und Prüfung von Prozessen, was eine tiefer gehende Optimierung und Anpassung an sich verändernde Bedingungen ermöglicht.

Darüber hinaus lassen sich mit Data-Analytics-Plattformen große Mengen von Prozessdaten analysieren. Sie identifizieren Muster, die genutzt werden können, um Engpässe zu erkennen, die Effizienz zu steigern und schlussendlich die Kundenzufriedenheit zu erhöhen.

Die Implementierung dieser modernen Wunderwerke ist jedoch kein Kinderspiel. Sie erfordert entsprechende Schulungen und Support-Strukturen, um sicherzustellen, dass Mitarbeiter die Tools auch tatsächlich effektiv nutzen können. Investitionen in Training und Support sind somit genauso kritisch wie die Investition in die Technologie selbst.

Obwohl moderne Werkzeuge eine Reihe von Vorteilen bieten, ist ihr Einsatz kein absolutes Muss. Wie bereits erwähnt, kann Prozessmanagement auch sehr gut ohne diese Hightech-Helfer funktionieren, ähnlich wie ein Koch, der auch ohne Küchenmaschine ein Fünf-Sterne-Menü zaubern kann.

TIPP: Es ist eine weit verbreitete Tatsache, dass Software in vielen Unternehmen nicht mit all ihren Funktionen vollständig ausgeschöpft wird. Überlegt euch, Schulungen zu organisieren, die das Thema wiederauffrischen und dabei das komplette Leistungsspektrum der verwendeten Software abdecken. Manchmal entdecken auch erfahrene Mitarbeiter dabei eine Funktion, die ein lang bestehendes Problem endlich lösen kann.

LEISTUNGSKENNZAHLEN

Ohne Leistungskennzahlen, auch bekannt als KPIs, ist das Prozessmanagement wie eine Suppe ohne Salz – es fehlt einfach das Wesentliche. KPIs sind unverzichtbar, um den Erfolg von Prozessinitiativen messbar und den Fortschritt im Hinblick auf vordefinierte Ziele überwachbar zu machen. Sie bieten nicht nur eine solide Basis für die kontinuierliche Bewertung und Verbesserung der Prozesse, sondern auch die Möglichkeit, gezielte Entscheidungen zu treffen.

In unserem Kapitel ›4. Schritt: Auswahl von Vergleichsmethoden und Kennzahlen‹ haben wir bereits einige Beispiele für KPIs im Prozessmanagement kennengelernt. Doch wie bereits erwähnt, sind dies lediglich Vorschläge. Die Welt der KPIs ist vielfältig, und es lohnt sich, eigene, maßgeschneiderte Kennzahlen zu entwickeln, die genau auf die spezifischen Bedürfnisse eures Unternehmens zugeschnitten sind.

TIPP: Wie bereits im Abschnitt ›Regelmäßige Updates‹ erwähnt, kann ein Dashboard viel aussagekräftiger sein als eine nüchterne Tabelle. Ein Bild sagt mehr als tausend Worte! Nutzt eine intuitive grafische Übersicht, um euer Prozessmanagement nicht nur effektiv, sondern auch visuell ansprechend darzustellen. Vergesst dabei nicht, die Kraft des Storytellings zu nutzen, um die Daten lebendig und verständlich zu präsentieren. Werft den langweiligen Soll-Ist-Vergleich über Bord und erzählt die Geschichte hinter euren Daten.

BEISPIELDASHBOARD FÜR PROZESSMANAGEMENT-PROJEKTE

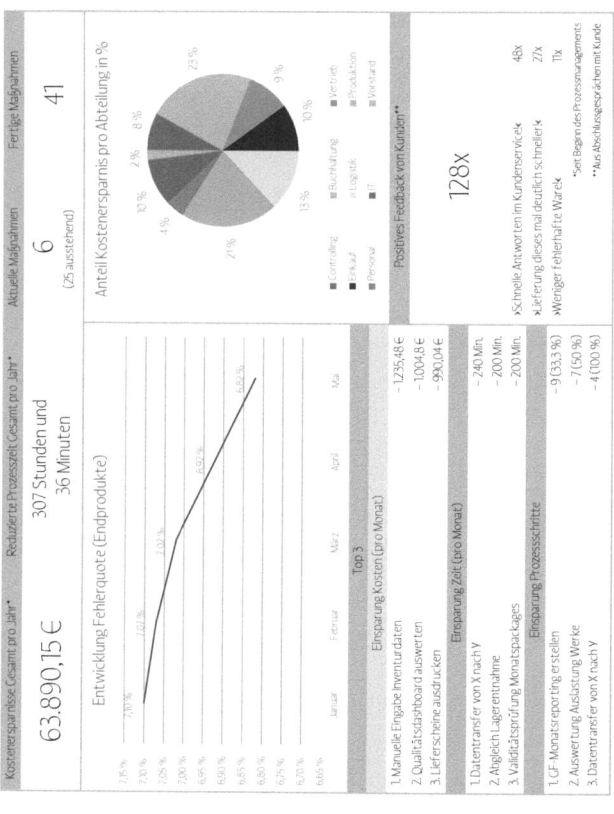

LANGFRISTIGE PLANUNG

Prozessmanagement sollte nicht als kurzfristiger Effizienzschub missverstanden, sondern als integraler Bestandteil der strategischen Unternehmensführung betrachtet werden. Dies erfordert eine fortlaufende Anpassung und

Weiterentwicklung der Prozesse, um sowohl langfristigen Zielen als auch Marktveränderungen gerecht zu werden.

In der Einleitung habe ich die ursprüngliche Motivation angesprochen: In der Planungsphase wurden die Kosten häufig nur durch prozentuale Steigerungen berücksichtigt. Mit einem robusten Prozessmanagement schaffen wir eine solide Grundlage, die es ermöglicht, Kostenreduktionen detaillierter zu planen. Das Ergebnis: Geplante finanzielle Erfolge beruhen nicht mehr ausschließlich auf Umsatzsteigerungen, sondern auch auf substanziellen Kosteneinsparungen. Über einen längeren Zeitraum hinweg werden sich die positiven Effekte des Prozessmanagements deutlich bemerkbar machen.

TIPP: Den aktuellen Status aller Prozesse nur sporadisch zu überprüfen, ist nicht ratsam. Verfolgt deren Fortschritt stattdessen kontinuierlich. Während in der Implementierungsphase eine umfassende Statusaufnahme noch sinnvoll sein mag, sollte sie danach in regelmäßigen, kürzeren Abständen erfolgen. Mit einer stets aktualisierten Dokumentation und durch internes wie externes Benchmarking lassen sich Prozesse, die möglicherweise angepasst werden müssen, effizient identifizieren.

Das Prozessmanagement lässt sich nicht mit einer Einheitslösung in den alltäglichen Betrieb eines Unternehmens einführen; genauso wenig wie es ein universelles Gericht gibt, das jedem zusagt und schmeckt. Jedes Unternehmen hat seine eigenen Bedürfnisse und Anforderungen, ähnlich wie jeder Mensch unterschiedliche Geschmackspräferenzen und diätetische Einschränkungen hat. Manche vertragen keine Laktose, Nüsse oder Schalentiere, müssen dafür aber nicht zwingend vegan oder vegetarisch essen. Den einen interessiert es nicht, ob Alkohol verwendet wurde, dafür aber umso mehr, ob es auch für Diabetiker geeignet ist. Die wesentlichen Aspekte der Implementierung von Prozessmanagement müssen daher individuell angepasst und sorgfältig in das jeweilige Unternehmensumfeld integriert werden. Es ist entscheidend, dass jedes Unternehmen seinen eigenen Weg findet, um Prozessmanagement effektiv und nachhaltig in den Alltag zu integrieren, sodass es die spezifischen operativen Anforderungen und strategischen Ziele unterstützt. Diese Herangehensweise garantiert, dass Prozessmanagement nicht nur als theoretisches Konzept besteht, sondern als praktisches, wertsteigerndes Werkzeug im täglichen Geschäftsbetrieb verankert wird.

Damit Prozessmanagement im Unternehmen nicht nur ein vorübergehender Hype, sondern ein anhaltender Erfolg wird, ist es wichtig, dass bestimmte Faktoren besonders berücksichtigt werden:

BETEILIGUNG DURCH DAS GESAMTE UNTERNEHMEN

Das Gelingen von Prozessmanagement hängt essenziell von der Unterstützung und Mitwirkung des gesamten Unternehmens ab. Die Mitarbeiter, die tagtäglich mit den betroffenen Prozessen interagieren, sind nicht nur Ausführende, sondern auch entscheidende Wissensquellen. Ihre direkten Erfahrungen und Einsichten sind unabdingbar, um Prozesse effektiv zu gestalten und fortlaufend zu optimieren. Auf der anderen Seite muss das Management die erforderlichen Ressourcen bereitstellen und eine konstante Kommunikation gewährleisten, um eine Kultur zu fördern, die das Prozessdenken tief im Unternehmensalltag verankert. Erst wenn alle Unternehmensebenen zusammenarbeiten – von der Belegschaft bis zur Führungsebene –, kann das volle Potenzial des Prozessmanagements realisiert und nachhaltig genutzt werden.

KLARES ZIELBILD UND INSPIRIERENDE VISION

Die Entwicklung eines klaren Zielbildes und einer inspirierenden Vision ist entscheidend für den Erfolg des Prozessmanagements und für das Unternehmen als Ganzes. Ein eindeutiges Zielbild dient nicht nur als Kompass für die strategische Ausrichtung, sondern inspiriert und motiviert auch alle Beteiligten, an einem Strang zu ziehen. Wenn jedes Teammitglied versteht, wohin die Reise geht, kann es seine Aufgaben und Prozesse entsprechend ausrichten und optimieren. Dies sorgt für eine einheitliche Fortbewegung in dieselbe Richtung und maximiert die Effizienz und Wirksamkeit des gesamten Unternehmens.

KOMMUNIKATION!

Kommunikation ist der Schlüssel zum Erfolg im Prozessmanagement und darf nie unterschätzt werden. Sie ist essenziell von der Planung über die Implementierung bis hin zur fortlaufenden Optimierung der Prozesse. Eine offene und wirksame Kommunikation stellt sicher, dass alle Beteiligten ständig über Ziele, Vorteile, Veränderungen und Fortschritte auf dem Laufenden sind. Durch regelmäßige Updates und den Einbau von Feedback-Schleifen wird gewährleistet, dass Informationen fließen und jeder im Team gut informiert und engagiert bleibt. So kann das volle Potenzial des Prozessmanagements ausgeschöpft und kontinuierliche Verbesserung erreicht werden.

KONTINUIERLICHE VERBESSERUNGEN

Kontinuierliche Verbesserung ist das Herzstück des Prozessmanagements. Selbst der bestoptimierte Prozess darf niemals als endgültig betrachtet werden. Veränderungen im Mitarbeiterstamm, technologische Entwicklungen und Anpassungen der Unternehmensstrategie können jederzeit Anpassungen notwendig machen. Prozessmanagement bietet die Werkzeuge, um solche Veränderungsbedarfe nicht nur zu erkennen, sondern auch effektiv zu adressieren. Dies sorgt dafür, dass Prozesse immer am Puls der Zeit bleiben und das Unternehmen agil und konkurrenzfähig bleibt.

DER RICHTIGE EINSATZ VON TECHNOLOGIE

Der richtige Einsatz der Technologie kann helfen, den Erfolg von Prozessmanagement-Initiativen zu maximieren. Moderne IT-Systeme und Softwarelösungen spielen eine Schlüsselrolle in der Automatisierung und Optimierung von Geschäftsprozessen. Sie bieten verbesserte Möglichkeiten zur Datenerfassung, -analyse und -verarbeitung, die Entscheidungen fundierter und Betriebsabläufe effizienter machen. Unternehmen müssen darauf achten, dass die eingesetzte Technologie nicht nur ihren aktuellen Anforderungen gerecht wird, sondern auch die Flexibilität bietet, sich zukünftigen Veränderungen anzupassen und zu erweitern. Dies sichert eine langfristige Skalierbarkeit und Anpassungsfähigkeit, die für den dynamischen Geschäftskontext von heute unerlässlich ist.

POSITIVE UNTERNEHMENSKULTUR

Eine positive Unternehmenskultur, die Veränderungen und kontinuierliche Verbesserungen unterstützt, ist unerlässlich für den Erfolg des Prozessmanagements. Solch eine Kultur zeichnet sich durch Offenheit, Transparenz und Zusammenarbeit aus, was die Einführung und Akzeptanz neuer Prozesse wesentlich erleichtert. Hierfür ist ein Arbeitsumfeld zu schaffen, in dem Fehler als wertvolle Lernchancen verstanden und innovative Ideen aktiv gefördert werden. In einem solchen Klima fühlen sich Mitarbeiter ermutigt, kreativ zu denken und Verbesserungen vorzuschlagen, was direkt zur Steigerung der Gesamteffektivität und -zufriedenheit beiträgt.

SOLIDES MONITORING UND CONTROLLING

Effektives Monitoring und Controlling sind unverzichtbar, um den Fortschritt und Erfolg von Prozessmanagement-Initiativen zu überwachen. Diese Aufgaben beinhalten die regelmäßige Überprüfung der Prozessleistung, das Sammeln von Daten und das Erstellen aussagekräftiger Berichte. Durch den Einsatz von Key Performance Indicators (KPIs) können Unternehmen die Effizienz und Effektivität ihrer Prozesse messen und notwendige Anpassungen vornehmen. Dabei ist Mikromanagement zu vermeiden, da es die Initiative der Mitarbeiter untergraben und zu einer Überregulierung führen kann, die der Flexibilität und Kreativität im Wege steht.

FLEXIBILITÄT UND ANPASSUNGSFÄHIGKEIT

Prozessmanagement muss flexibel und anpassungsfähig sein, um auf dynamische Veränderungen in der Geschäftswelt reagieren zu können. Dies erfordert eine kontinuierliche Überwachung der bestehenden Prozesse und die Bereitschaft, diese bei Bedarf zu modifizieren. Flexibilität bedeutet auch, dass Unternehmen willens und fähig sein sollten, ihre Strategien und Pläne zu überdenken und anzupassen. Dies ist notwendig, um effektiv auf neue Marktbedingungen, technologische Fortschritte und andere externe Einflüsse reagieren zu können. Ein proaktiver Ansatz in der Anpassungsfähigkeit hilft Unternehmen, nicht nur zu überleben, sondern in einem sich schnell verändernden Umfeld zu florieren.

KUNDENORIENTIERUNG

Kundenorientierung ist ein zentraler Aspekt im Prozessmanagement. Es ist entscheidend, dass Prozesse so entwickelt und gestaltet werden, dass sie den Bedürfnissen und Erwartungen von internen als auch externen Kunden gerecht werden. Die konsequente Ausrichtung auf die Kundenzufriedenheit trägt dazu bei, dass Unternehmen nicht nur effizient arbeiten, sondern auch einen deutlichen Mehrwert für ihre Kunden schaffen. Dieser Ansatz fördert nicht nur die Loyalität der Kundschaft, sondern stärkt auch die Wettbewerbsfähigkeit des Unternehmens, indem er sicherstellt, dass alle Unternehmensaktivitäten eng auf die Erfüllung von Kundenanforderungen abgestimmt sind.

BENCHMARKING UND BEST PRACTICES

Benchmarking und die Nutzung von Best Practices sind essenzielle Instrumente im Prozessmanagement, vergleichbar mit dem Lernen von den Klassenbesten – vollkommen legal und ungemein effektiv. Durch den systematischen Vergleich mit anderen Unternehmen, Branchenstandards und Marktführern können eigene Schwachstellen erkannt und Verbesserungspotenziale identifiziert werden. Best Practices liefern bewährte Methoden, die dann auf die spezifischen Anforderungen und Gegebenheiten des eigenen Unternehmens zugeschnitten und angepasst werden können. Dieser Ansatz ermöglicht es, aus den Erfahrungen anderer zu lernen und die eigenen Prozesse kontinuierlich zu optimieren.

RISIKOMANAGEMENT

Risikomanagement ist eine unverzichtbare Säule im Prozessmanagement. Durch vorausschauendes Risikomanagement können potenzielle Stolpersteine frühzeitig identifiziert und entsprechende Strategien entwickelt werden, um diese effektiv zu umgehen. Dieser Prozess umfasst die sorgfältige Analyse und Bewertung möglicher Risiken sowie die Ausarbeitung und Implementierung von Maßnahmen zur Minimierung dieser Risiken. Ein effektives Risikomanagement trägt dazu bei, unerwartete Herausforderungen zu bewältigen und die Stabilität sowie die Zuverlässigkeit der Unternehmensprozesse zu sichern.

LANGFRISTIGE PERSPEKTIVE

Erfolgreiches Prozessmanagement erfordert Geduld und Weitsicht. Veränderungen in Prozessen entfalten ihre Vorteile oft nicht sofort, sondern benötigen Zeit, um sich vollständig zu entwickeln und zu entfalten. Unternehmen sollten daher einen langen Atem haben und kontinuierlich an der Optimierung ihrer Prozesse arbeiten. Es ist wichtig, dass Veränderungen methodisch und behutsam umgesetzt werden, sodass sie nachhaltig positive Auswirkungen auf die Effizienz, Qualität und Flexibilität der Abläufe haben. Richten sich Unternehmen konsequent und langfristig auf eine kontinuierliche Verbesserung aus, können sie langfristig Wettbewerbsvorteile sichern und ihre Position im Markt stärken.

ERFOLGSFEIERN UND ANERKENNUNG

Die Anerkennung und Feier von Erfolgen im Prozessmanagement sind wie positive Kritiken für Köche: Sie motivieren und bestätigen die harte Arbeit. Wenn Meilensteine erreicht oder bedeutende Verbesserungen erzielt werden, sollte dies gebührend gefeiert werden. Solche Feiern stärken die Moral und fördern das Engagement der Mitarbeiter für zukünftige Initiativen. Sie zeigen Wertschätzung für die Anstrengungen des Teams und verstärken das Gefühl, dass jeder Beitrag wichtig ist. Dadurch wird ein positives Arbeitsumfeld geschaffen, das zur kontinuierlichen Verbesserung und Innovation anregt.

EXTERNE UNTERSTÜTZUNG

Manchmal kann externe Unterstützung durch Berater oder Experten entscheidend sein, um frische Perspektiven und spezialisiertes Wissen in das Prozessmanagement einzubringen. Diese Experten bringen nicht nur neue Ideen, sondern oft auch Methoden mit, die sich in anderen Unternehmen oder Branchen bereits bewährt haben. Sie können außerdem helfen, interne Barrieren zu überwinden, die vielleicht durch betriebsinterne Politik oder gewohnheitsmäßige Abläufe entstanden sind. Ihre objektive Sichtweise und Erfahrung ermöglichen es, den Prozess der Prozessoptimierung effizienter und wirkungsvoller zu gestalten.

Prozessmanagement ist nicht nur ein komplexer, sondern auch ein kontinuierlicher Prozess, der einen ganzen Blumenstrauß an Erfolgsfaktoren in sich vereint. Unternehmen, die all diese Faktoren berücksichtigen und harmonisch in ihre Prozessmanagement-Initiativen integrieren, sind nicht nur effizienter und kostengünstiger, sondern steigern nachhaltig ihre Wettbewerbsfähigkeit.

Trotz der zahlreichen Vorteile für das Unternehmen gibt es, wie bei vielen anderen Managementansätzen auch, Kritik und Zweifel am Prozessmanagement. In diesem Abschnitt beleuchten wir die häufigsten Kritikpunkte und Gründe, warum Prozessmanagement manchmal ins Straucheln gerät.

»DADURCH SCHAFFEN WIR DOCH NUR NOCH MEHR BÜROKRATIE!«

Der wohl lauteste Vorwurf gegen Prozessmanagement ist die vermeintliche Flut an Bürokratie, die es angeblich mit sich bringt. Die Kritiker sagen, es mache alles komplizierter, anstatt zu vereinfachen. Jeder neue Ansatz bringt tatsächlich erst mal einen erhöhten Dokumentations-, Überwachungs- und Reporting-Aufwand mit sich. Der Trick ist jedoch, das Prozessmanagement so zu gestalten, dass es das Unternehmen durchweg erleichtert, nicht nur in isolierten Bereichen. Mein Anliegen mit diesem Buch ist es, gerade so wenig Bürokratie wie möglich mit dem Prozessmanagement zu schaffen, aber ganz ohne geht es nicht. Auch eine Sterneküche funktioniert nicht vollends ohne ein paar Rezepte und Anweisungen.

»BEI UNS IST SCHON ALLES OPTIMAL!«

Ein weiterer Punkt, der oft von Skeptikern angeführt wird, ist die Überzeugung, dass alles bereits optimal läuft und keine Verbesserung notwendig sei. Dies ist das klassische Symptom der ›Betriebsblindheit‹, bei der man vor lauter

Bäumen den Wald nicht mehr sieht. Diese Einstellung basiert oft auf Gewohnheit und persönlichem Empfinden statt auf einer soliden Analyse. Durch offene Kommunikation und gezielte Prozessanalysen wird deutlich, dass es immer Raum für Verbesserungen gibt. Und sollte sich herausstellen, dass tatsächlich alles optimal läuft, kann das Prozessmanagement dies bestätigen – ein Gewinn für alle Beteiligten.

»VIEL ZU TEUER!«

Ein häufiger Stolperstein beim Prozessmanagement sind die gefürchteten Anfangskosten – Software kaufen, externe Berater bezahlen, Mitarbeiter schulen. Für kleinere Unternehmen kann diese Investition wie ein Sprung ins kalte Wasser wirken. Doch es muss nicht immer gleich das große Geld ausgegeben werden. Oft lassen sich beachtliche Erfolge auch mit kleineren Budgets erzielen. Dieses Buch bündelt mein gesammeltes Wissen aus diversen Prozessoptimierungsprojekten, um euch einen flotten Start zu ermöglichen – und das zu erschwinglichen Kosten. Manchmal reicht am Anfang ein einfacher Topf, um das Kochen zu beginnen. Unabhängig davon, für welche Form der Implementierung man sich entscheidet, langfristig werden die durch Prozessmanagement erzielten Optimierungen die Anfangsinvestitionen deutlich übertreffen.

»FÜR DAS MANAGEMENT IST DAS THEMA UNINTERESSANT!«

Wenn die Chefetage nicht mitzieht, liegen die Erfolgschancen nahezu bei null. Ohne den Rückhalt der Führungskräfte wird das Prozessmanagement schnell zum Rohrkrepierer – ohne Ressourcen, ohne Motivation, ohne Erfolg. Das ist wie in einem Restaurant, in dem der Besitzer neue Küchentrends ignoriert und die Köche resigniert bei ihren alten Rezepten bleiben.

»WIR HABEN DAS MAL GEMACHT, ABER ICH WEISS GAR NICHT, WIE DER LETZTE STAND DAZU WAR«

Klare Kommunikation ist das A und O. Viele Prozessmanagement-Initiativen kollabieren unter dem Gewicht von Missverständnissen und Informationslücken. Mitarbeiter müssen nicht nur verstehen, was sich ändert, sondern vor allem warum. Eine Küche, in der keiner weiß, warum oder wie das neue Gericht zubereitet wird, wird nie einen Michelin-Stern erhalten.

Indem wir diese Klippen umschiffen, können wir sicherstellen, dass unser Prozessmanagement nicht nur eine kurzlebige Modeerscheinung ist, sondern eine dauerhafte Verbesserung, die das ganze Unternehmen voranbringt. Apropos Modeerscheinungen:

»DAS IST DOCH NUR EIN TREND, DEN UNS DIE BERATER AUFSCHWATZEN WOLLEN!«

Prozessmanagement ist weit von einer kurzlebigen Mode-erscheinung entfernt. Es ist vielmehr ein grundlegender und etablierter Ansatz in der Betriebsführung, der Organisationen dabei unterstützt, ihre Abläufe zu optimieren, Effizienz zu steigern und die Qualität ihrer Produkte und Dienstleistungen zu verbessern. Es ist ein wesentlicher Faktor, der Unternehmen an die Spitze ihrer Branche katapultiert.

Die anhaltende Relevanz des Prozessmanagements wird durch dessen Fähigkeit unterstrichen, sich nahtlos an neue technologische Entwicklungen anzupassen. Durch die Integration digitaler Tools und Softwarelösungen können Unternehmen Echtzeitdaten nutzen, um ihre Prozesse weiter zu verfeinern und zu automatisieren, was zu einer noch nie dagewesenen Transparenz und Kontrolle führt. Effizienz und Kundenzufriedenheit gehören zu den kritischen Faktoren, die über den Erfolg eines Unternehmens entscheiden. Prozessmanagement bleibt dabei ein unverzichtbarer Bestandteil der Unternehmensstrategie, um das bestmögliche Ergebnis dieser Faktoren zu gewährleisten.

»SO ETWAS MACHEN WIR HIER NICHT!«

Gerade wenn Veränderungen an der ›Unternehmens-DNA‹ vorgenommen werden sollen, steigt der Widerstand gegen ebendiese Veränderungen. Unternehmen mit einer starken ›Das haben wir immer so gemacht‹-Mentalität könnten innovatives Prozessmanagement erheblich behindern. Um hier erfolgreich zu sein, benötigt man eine Kultur, die Veränderungen willkommen heißt und kontinuierliche Verbesserung unterstützt – oft gelingt das nur in kleinen Schritten und mit kluger Kommunikation, ähnlich wie man Schritt für Schritt neue Rezepte in einer Küche einführt.

»WER SOLL DAS DENN MACHEN? ICH? DA HABE ICH KEINE ZEIT FÜR!«

Für die Implementierung von Prozessmanagement müssen Ressourcen in Form von Zeit, Geld und Personal zur Verfügung gestellt werden. Oft scheitern Implementierungen, weil nicht genügend Ressourcen zugewiesen werden. Nicht selten aufgrund von fehlendem Wissen, welche und wie viele Ressourcen für die Implementierung tatsächlich benötigt werden. Weil es an finanziellem Budget, qualifiziertem Personal oder einfach an der benötigten Zeit fehlt, kann das Prozessmanagement entweder nur unzureichend oder gar nicht eingeführt werden. Hierfür sollten die Ressourcen von vornherein ein realistisch und durchdacht geplant werden. Stellt euch eine Küche vor, die nicht genug Töpfe oder Personal hat, um das Weihnachtsessen zu bewältigen – Chaos ist vorprogrammiert!

»ICH DACHTE, DAS GEHT SCHNELLER/BESSER?!«

Manchmal erwartet das Management sofortige Ergebnisse und signifikante Verbesserungen in kurzer Zeit und ohne großen Ressourcenaufwand. Prozessmanagement ist jedoch ein langfristiges, strategisches Werkzeug, das zwar anfangs auch größere Erfolge bringen kann, die volle Wirksamkeit aber erst über einen längeren Zeitraum entfaltet. Es kann einige Zeit dauern, bis die Vorteile vollständig sichtbar werden. Deshalb ist ein regelmäßiges Reporting wichtig, um auch die kleineren Fortschritte zu dokumentieren und zu berichten. Unrealistische Erwartungen können zu Enttäuschungen und einer vorzeitigen Aufgabe der Initiative führen.

»DAS PROJEKT WAR DOCH FERTIG; MUSS DA NOCH WAS GEMACHT WERDEN?«

Nach dem ersten Schwung der Implementierung ist es entscheidend, das Prozessmanagement kontinuierlich zu überwachen und zu verbessern. Allzu oft wird es nach der anfänglichen Einführung vernachlässigt, weil es an einem langfristigen Plan fehlt. Ohne fortlaufende Bemühungen können sich alte, ineffiziente Prozesse wieder einschleichen und die bisherigen Erfolge zunichtemachen.

»BEI UNS WEISS KEINER, WIE DAS FUNKTIONIERT«

Prozessmanagement erfordert spezifisches Fachwissen, das intern oft nicht vorhanden ist. Der Mangel an Fachkenntnissen kann das Vorhaben schnell zum Scheitern bringen. Unternehmen sollten in Betracht ziehen, externe Berater oder Experten hinzuzuziehen, oder intensiv in die Schulung ihrer Mitarbeiter investieren. Stellt euch ein Restaurant vor, das einen renommierten Gastkoch einlädt, um innovative Rezepte und Techniken einzuführen, die das vorhandene Küchenpersonal noch nicht beherrscht.

ZUSAMMENGEFASST

Das Scheitern von Prozessmanagement-Initiativen in Unternehmen ist oft das Ergebnis einer komplexen Mischung aus organisatorischen und kulturellen Herausforderungen. Es gibt zahlreiche Faktoren zu beachten, um erfolgreich Prozessmanagement zu implementieren und zu betreiben (siehe vorherigen Abschnitt). Sicherlich gibt es neben den bereits erwähnten Punkten noch weitere Bedenken, die als Hürden für die Einführung von Prozessmanagement aufgestellt werden. Beeindruckende Verbesserungen und positive Veränderungen werden nicht durch das Beharren auf alten Prozessen erreicht. Wenn eine Lasagne seit 20 Jahren furchtbar schmeckt, wird sie auch in den nächsten 20 Jahren nicht besser, wenn wir sie nach demselben alten Rezept zubereiten.

Auch wenn es die Grundprinzipien seit mehr als 70 Jahren gibt, ist Prozessmanagement kein veraltetes Modell, sondern ein wichtiger Baustein für die Zukunft vieler Unternehmen. Mit neuen Technologien und wachsenden Kenntnissen eröffnen sich kontinuierlich neue Möglichkeiten, die Effizienz zu steigern und auf dem Markt wettbewerbsfähig zu bleiben. Hier sind einige Schlüsseltrends, von denen ich überzeugt bin, dass sie einen großen Einfluss auf die zukünftige Prozesslandschaft haben werden (oder schon aktuell haben):

KÜNSTLICHE INTELLIGENZ UND MASCHINELLES LERNEN

Diese Technologien sind weit mehr als nur moderne Schlagworte. Sie revolutionieren, wie Unternehmen ihre Daten nutzen, um Prozesse zu optimieren. KI hilft dabei, Engpässe zu identifizieren und Entscheidungen zu stützen, während maschinelles Lernen aus der Vergangenheit lernt und Prozesse stetig verbessert. Ein praktisches Beispiel ist die vorausschauende Wartung, bei der durch die Analyse von Sensordaten der ideale Wartungszeitpunkt bestimmt wird – ähnlich einem Küchenchef, der genau weiß, wann seine Geräte gewartet werden müssen, um Ausfallzeiten zu vermeiden.

INTERNET DER DINGE (IOT)

Das Internet der Dinge (IoT) revolutioniert das Prozessmanagement durch die nahtlose Vernetzung von Geräten und Anlagen. Diese Konnektivität ermöglicht eine umfassende, automatisierte Datenerfassung, die zu tiefergehenden Analysen und Echtzeit-Überwachung von Prozessen führt. IoT-Geräte automatisieren die Datenerhebung, was manuelle Fehler reduziert und die Datengenauigkeit steigert. So lassen sich Prozesse effizienter gestalten und optimieren. Dank der kontinuierlichen Überwachung können Anomalien und potenzielle Defekte frühzeitig erkannt werden, was präventive Wartungsarbeiten ermöglicht und ungeplante Ausfälle minimiert. Die detaillierten, von IoT bereitgestellten Daten verschaffen Unternehmen tiefe Einblicke in jeden Prozessschritt. Dies verbessert das Verständnis darüber, wie verschiedene Segmente interagieren und welche Faktoren die Leistung beeinflussen.

BIG DATA UND ANALYTICS

Big Data und Analytics ermöglichen es Unternehmen, riesige Datenmengen aus verschiedenen Quellen zu sammeln und zu analysieren. Ein praktisches Beispiel hierfür ist die datengetriebene Entscheidungsfindung: Unternehmen nutzen historische Daten, um Prozesse zu bewerten und zukünftige Entwicklungen vorauszusagen. So können sie proaktive Maßnahmen ergreifen, die ihre Effizienz steigern und ihnen Wettbewerbsvorteile verschaffen. Dies ist ähnlich einem Restaurant, das Verkaufsdaten analysiert und sein Menü anpasst, um den Gaumen seiner Gäste zu treffen.

INTEGRATION VON CLOUD-TECHNOLOGIEN

Die Integration von Cloud-Technologien macht Prozessmanagementsysteme flexibler und skalierbarer. Sie ermöglichen einen orts- und zeitunabhängigen Zugriff auf Daten und Anwendungen, was insbesondere die Zusammenarbeit verbessert. Cloud-Technologien sind eine kosteneffiziente Lösung, die umfangreiche IT-Investitionen überflüssig macht.

Als Beispiel dient der Einsatz von Cloud-basierten Projektmanagement-Tools, die Teams erlauben, gemeinsam an Projekten zu arbeiten, Aufgaben zu verteilen und den Fortschritt in Echtzeit zu verfolgen. In einem Restaurant könnte dies einem System entsprechen, das Bestellungen, Lieferungen und Inventar digital verwaltet und so den Betrieb effizienter macht.

FOKUS AUF KUNDENERFAHRUNGEN

Ein zunehmender Trend im Prozessmanagement ist der Fokus auf die Kundenerfahrung. Optimierungen in den kundenbezogenen Prozessen können die Kundenzufriedenheit und -bindung erheblich beeinflussen. Unternehmen, die ihre Prozesse in diesem Bereich verbessern, garantieren eine konsistente und qualitativ hochwertige Kundenerfahrung.

Ein Beispiel hierfür ist die Implementierung von Customer-Relationship-Management (CRM)-Systemen, die es ermöglichen, Kundeninteraktionen zu überwachen und zu verwalten. Diese Systeme bieten personalisierte Dienstleistungen und machen Kundenbedürfnisse besser verständlich. Als würde man in einem Restaurant die Vorlieben und die Bestellhistorie der Gäste speichern und darauf basierend personalisierte Angebote und individuelle Erlebnisse schaffen.

NACHHALTIGKEIT UND SOZIALE VERANTWORTUNG

Nachhaltigkeit und soziale Verantwortung gewinnen zunehmend an Bedeutung im Prozessmanagement. Unternehmen integrieren ökologische und ethische Überlegungen in ihre Prozesse, was durch die Nutzung umweltfreundlicher Technologien und die Reduktion von Abfall und Emissionen erreicht wird.

Ein Beispiel sind Produktionsprozesse, die Energieeffizienzmaßnahmen und Recyclingprogramme umsetzen. Wie ein Restaurant, das sich auf nachhaltige Zutaten konzentriert, Abfall verringert und faire Arbeitsbedingungen schafft, gehen Unternehmen in ihrer eigenen ›Küche‹ den Weg der Nachhaltigkeit.

VEREINFACHUNGEN & VERSCHLANKUNGEN

Ich bin überzeugt, dass Unternehmen in Zukunft verstärkt die Einfachheit ihrer Produkte und Prozesse in den Vordergrund stellen werden. Dies sollte nicht als Rückschritt oder gar als Kapitulation vor den Herausforderungen eines hart umkämpften Marktes verstanden werden. Vielmehr handelt es sich um eine fortschrittliche Strategie, die sich durch einen verstärkten Fokus auf den Kunden sowie auf die Lebensdauer von Trends und Technologien auszeichnet.

Ein einfacher und klar strukturierter Prozess lässt sich mit dem Rezept für ein klassisches Gericht vergleichen: Jeder Schritt ist wohlüberlegt, jeder hat seine Berechtigung, und das Endergebnis ist sowohl vorhersehbar als auch zufriedenstellend. Wie wir auf den vorherigen Seiten gesehen haben, bergen einfachere Prozesse ein geringeres Fehlerrisiko und bieten zugleich ein hohes Maß an Flexibilität. Diese Vorteile werden Unternehmen dazu veranlassen, ihre Denkweise zu vereinfachen und alles Überflüssige zu eliminieren.

Dies gilt ebenso für Produkte. In einer Zeit, in der Kunden zunehmend Wert auf Qualität statt Quantität legen, kann ein vereinfachtes Produkt mit klar definierten Funktionen wesentlich attraktiver sein. Wer möchte schon Zeit damit verbringen, umständliche Anleitungen zu studieren oder nach Antworten zu suchen, die nicht einmal in der Bedienungsanleitung zu finden sind, und am Ende doch bei einem Erklärvideo im Internet landen? Die besten Produkte sind jene, die intuitiv zu bedienen sind und kaum Raum für Fehler lassen – aus der Verpackung heraus, direkt in die Anwendung.

Was hält die Zukunft für uns bereit? Dies genau vorherzusagen, ist schwierig bis unmöglich. Eines ist jedoch sicher: Prozessmanagement wird Unternehmen weiterhin in die Zukunft begleiten und zu einem immer wichtigeren, unverzichtbaren Bestandteil werden.

Damit sind wir bereits am Ende angelangt. Einige mögen nun denken: ›Wie bitte? Nicht einmal 160 Seiten und schon fertig? Das ist für einen Ratgeber aber recht kurz!‹ Das stimmt, ist aber Absicht. Denn dieses Buch zielt darauf ab, die Effizienz eurer Unternehmen zu maximieren und alles Unnötige zu eliminieren. Warum also sollten wir das Buch unnötig in die Länge ziehen und entgegen den Prinzipien arbeiten, die auf den vorherigen Seiten vermittelt wurden?

Wir haben erfahren, dass Prozessmanagement als systematischer Ansatz zur Steuerung, Verwaltung und Optimierung von Geschäftsprozessen zahlreiche Vorteile bietet: Es steigert die allgemeine Unternehmenseffizienz, sorgt für zufriedenere Mitarbeiter und Kunden und verbessert die Qualität von Produkten und Dienstleistungen. Unternehmen wie Toyota, Amazon, McDonald's oder Apple zeigen eindrucksvoll, wie ausgezeichnetes Prozessmanagement zum Erfolg führen kann.

Doch Prozessmanagement ist keine Kleinigkeit, die man einfach wie eine neue Kaffeemaschine ins Unternehmen bringt. Es beginnt mit einem tiefen Verständnis für die strategischen Ziele des Unternehmens und erfordert einen detaillierten Überblick über die existierenden Prozesse. Hierbei unterstützt uns das REZEPT-Modell dabei, die Prozesse einheitlich zu visualisieren und Schwachstellen wie Fehler, Redundanzen und Lücken aufzudecken. Verschiedene Optimierungsansätze bieten uns die Möglichkeit, Prozesse aus unterschiedlichen Perspektiven zu betrachten und Verbesserungen zu identifizieren. Nachdem wir uns auf Optimierungen und Kennzahlen geeinigt und das Prozessmanagement organisatorisch eingebettet haben, beginnen wir mit der Planung und Durchführung des Pilotprojekts.

Haben wir dies erfolgreich abgeschlossen, ist der nächste wichtige Schritt, das Prozessmanagement in den Unternehmensalltag zu integrieren. Der entscheidendste Punkt ist dabei, dass das Prozessmanagement kontinuierlich weitergeführt wird, denn nur so kann das volle Potenzial des Prozessmanagements ausgeschöpft werden. Auch wissen wir, was einen erfolgreichen Verlauf begünstigt und an welchen Punkten Stolperfallen oder Kritik auftauchen können und wie wir diese behandeln. Abschließend haben wir einen kurzen Ausblick darauf geworfen, was die Zukunft für das Prozessmanagement und somit auch für die Unternehmen bereithält.

Jetzt bleibt nur noch die praktische Umsetzung! Warum also noch Zeit mit theoretischen Erörterungen verbringen, wenn alles Wichtige vorliegt, um das Unternehmen und die Arbeitsweisen darin zu verbessern?

Also ran an die Töpfe und viel Erfolg bei der Umsetzung des Prozessmanagements!

Vielen Dank fürs Lesen! Ich hoffe, das Buch hat euch gefallen. Falls ja, empfehlt es gerne weiter. Falls nicht, dann empfehlt es doch der Konkurrenz. 😉

Euer
Julian Sommer